Kapitel 5: Inspiration und Strategien 163

Vorwort

Depression. Ein Wort, das für viele immer noch ein Tabu ist. Für mich jedoch ist es ein Teil meines Lebens, den ich nie wollte, der mich aber geprägt hat. Meine Reise mit der Depression begann früh – geprägt durch Erfahrungen und Herausforderungen in meiner Kindheit, die Narben hinterlassen haben. Diese Narben spürte ich später in Form von depressiven Episoden, die mich wie eine Welle überrollten. Es waren Tage, an denen selbst das Atmen schwerfiel, an denen alles um mich herum grau war und Hoffnung unerreichbar schien. Und ja, diese Tage kommen hin und wieder noch. Aber ich habe gelernt, mit ihnen umzugehen.
Ich schreibe dieses Buch, weil ich weiß, wie einsam sich dieser Weg anfühlen kann. Ich weiß, wie es ist, abgestempelt zu werden, wenn man seine Gefühle offenbart – als „schwach" oder „übertrieben" abgetan zu werden. Oft habe ich gehört: „Das bildest du dir nur ein." Oder: „Reiß dich einfach zusammen." Diese Worte haben mich verletzt, aber sie haben mich auch motiviert, nach einer Lösung zu suchen. Ich wollte verstehen, was mit mir geschieht, und ich wollte herausfinden, ob ich damit allein war.

Durch meine Recherchen und den Austausch mit anderen Betroffenen wurde mir klar: Ich bin nicht allein. Ich traf auf Menschen, die dieselben Kämpfe durchlebten, denselben Schmerz fühlten – und denselben Mut fanden, weiterzumachen. Ich hörte Geschichten von Leid, aber auch von Stärke und Heilung. Diese Begegnungen haben mir gezeigt, dass etwas getan werden muss, um Depressionen besser zu verstehen, sie zu enttabuisieren und Menschen auf ihrem Weg zu unterstützen.

Der Titel dieses Buches, „Licht im Dunkeln: Wege aus der Depression", spiegelt genau das wider, was ich auf diesem Weg erfahren habe. Depression fühlt sich oft an wie ein dunkler Tunnel, ohne Ausweg, ohne Hoffnung. Doch es gibt ein Licht, auch wenn es manchmal nur schwach zu sehen ist. Dieses Licht steht für die Hoffnung, die wir uns selbst schenken können, und für die Unterstützung, die wir durch andere erfahren. Es symbolisiert die kleinen Schritte, die uns aus der Dunkelheit führen – sei es durch Hilfe von außen, durch persönliche Entwicklung oder durch das Überwinden von Rückschlägen. Dieses Buch soll ein Licht im Dunkeln sein, ein Wegweiser für all jene, die das Gefühl haben, in der Dunkelheit gefangen zu sein.

Ich teile meine Geschichte nicht, um Mitleid zu erwecken, sondern um zu zeigen, dass es okay ist, nicht immer stark zu sein. Es ist okay, Hilfe zu suchen. Und es ist okay, Rückschläge zu erleben – sie sind ein Teil des Prozesses. Dieses Buch soll Mut machen, Hoffnung geben und praktische Hilfen bieten, um den Weg aus der Depression zu finden. Es soll zeigen, dass man nicht allein ist und dass es immer eine Möglichkeit gibt, wieder aufzustehen. „Licht im Dunkeln" ist nicht nur ein Titel, sondern ein Versprechen. Es ist ein Symbol dafür, dass selbst in den dunkelsten Momenten ein Lichtschein möglich ist, ein Zeichen für Hoffnung und Veränderung. Dieses Buch ist für alle, die den Mut finden, nach diesem Licht zu suchen – und für alle, die es schaffen, ihr eigenes Licht für andere zu werden.
Mit viel Hoffnung und Mitgefühl,
Ihr Ronny

Einführung: Was sind Depressionen und warum ist es wichtig, darüber zu sprechen?

Depressionen sind eine der häufigsten psychischen Erkrankungen weltweit. Ihre Bedeutung kann kaum überschätzt werden, da sie nicht nur das Leben der Betroffenen tiefgreifend beeinflussen, sondern auch Auswirkungen auf ihre Familien, Arbeitsplätze und die Gesellschaft als Ganzes haben. Trotz ihrer Verbreitung sind Depressionen oft missverstanden und mit Vorurteilen behaftet. Um dem entgegenzuwirken, ist es wichtig, das Thema offen und ohne Scham anzusprechen.

Depressionen: Eine weltweite Herausforderung Depressionen betreffen Menschen aller Altersgruppen, Geschlechter und sozialen Hintergründe. Laut der Weltgesundheitsorganisation (WHO) leiden weltweit etwa 5% der Bevölkerung an Depressionen. In Deutschland sind es schätzungsweise 4 Millionen Menschen, die jährlich mit dieser Krankheit konfrontiert werden. Doch die Dunkelziffer könnte höher liegen, da viele Betroffene aus Angst oder Scham keine professionelle Hilfe suchen.

Depressionen sind nicht nur eine persönliche, sondern auch eine gesellschaftliche Herausforderung. Sie führen zu einer erheblichen Belastung des Gesundheitssystems, da sie mit einer Vielzahl von Begleiterkrankungen wie Angststörungen, Herz-Kreislauf-Erkrankungen und chronischen Schmerzen verbunden sind. Zudem gelten sie als eine der Hauptursachen für Arbeitsunfähigkeit und Invalidität.

Was Depressionen so komplex macht Depressionen unterscheiden sich von der alltäglichen Traurigkeit, die jeder Mensch kennt. Während Traurigkeit meist an ein bestimmtes Ereignis gebunden ist und nach einer Weile abklingt, ist die Depression eine tiefergehende und langanhaltende Erkrankung. Sie beeinflusst die Gefühlswelt, das Denken, den Körper und das Verhalten der Betroffenen. Menschen mit Depressionen fühlen sich oft hoffnungslos, leer oder innerlich abgestorben. Die Freude am Leben, an Hobbys oder an sozialen Interaktionen verschwindet, was die Isolation noch verstärken kann.

Die Ursachen des Schweigens
Warum ist es so schwer, über Depressionen zu sprechen? Ein wesentlicher Grund liegt in der gesellschaftlichen Stigmatisierung. Viele Menschen sehen psychische Erkrankungen nicht als „echte Krankheiten" an und werfen den Betroffenen Schwäche oder fehlende Willenskraft vor. Dies führt dazu, dass viele Menschen ihre Krankheit verbergen oder sich schämen, Hilfe zu suchen. In bestimmten Kulturen gelten psychische Probleme als Tabu, was die Situation noch verschärft.

Zudem fällt es vielen Betroffenen schwer, ihre Gefühle in Worte zu fassen. Depressionen können das Denken und die Sprache verlangsamen, was es schwierig macht, die eigenen Erlebnisse zu artikulieren. Auch die Angst, missverstanden oder zurückgewiesen zu werden, hält viele Menschen davon ab, über ihre Probleme zu sprechen.

Warum Aufklärung essenziell ist
Aufklärung ist der erste Schritt, um das Schweigen zu brechen. Je mehr Menschen über Depressionen wissen, desto besser können sie Betroffenen begegnen. Aufklärung hilft, Vorurteile abzubauen und Verständnis zu fördern. Sie ermöglicht es den Betroffenen, sich weniger allein zu fühlen, und ermutigt sie, Unterstützung zu suchen.

Durch Bildung können wir erkennen, dass Depressionen keine persönliche Schwäche sind, sondern eine Erkrankung, die behandelt werden kann. Dies schließt sowohl medizinische als auch psychologische Ansätze ein. Studien zeigen, dass frühzeitige Interventionen, sei es durch Gesprächstherapie oder Medikamente, die Chancen auf eine Genesung erheblich erhöhen.

Das Ziel dieses Buches

Dieses Buch hat mehrere Ziele: Es soll aufklären, informieren und Mut machen. Es richtet sich an Menschen, die selbst an Depressionen leiden, aber auch an Angehörige, Freunde und Fachleute. Es soll ein Werkzeug sein, um die Krankheit besser zu verstehen, Unterstützung zu bieten und Wege aufzuzeigen, wie man sich aus der Dunkelheit befreien kann.

Ein weiterer wichtiger Aspekt dieses Buches ist die Betonung von Hoffnung. Auch wenn sich eine Depression wie ein endloser Tunnel anfühlen mag, gibt es immer einen Weg hinaus. Dieses Buch möchte eine Brücke sein – zwischen Dunkelheit und Licht, zwischen Schweigen und Offenheit, zwischen Leid und Heilung.

Der gesellschaftliche Dialog
Ein offener Dialog über Depressionen ist notwendig, um Veränderungen herbeizuführen. Wenn wir als Gesellschaft anfangen, psychische Gesundheit genauso ernst zu nehmen wie körperliche Gesundheit, können wir eine Kultur des Mitgefühls und der Unterstützung schaffen. Dies bedeutet nicht nur, Betroffenen zuzuhören, sondern auch, Ressourcen bereitzustellen, um ihnen zu helfen. Gesundheitssysteme müssen besser auf psychische Erkrankungen ausgerichtet werden. In vielen Ländern sind die Wartezeiten für Therapieplätze unzumutbar lang, was die Situation der Betroffenen verschlimmert. Durch politische Maßnahmen und gesellschaftliches Engagement können wir dazu beitragen, dass Hilfe schneller verfügbar wird.

Eine persönliche Verbindung schaffen
Dieses Buch ist nicht nur ein Werkzeug, sondern auch ein Begleiter. Es soll Ihnen das Gefühl geben, dass Sie nicht allein sind. Depressionen können ein isolierendes und einsames Erlebnis sein, aber durch die Worte in diesem Buch sollen Sie spüren, dass es Menschen gibt, die Sie verstehen und unterstützen wollen.
Die Geschichten und Informationen in diesem Buch basieren auf wissenschaftlichen Erkenntnissen, persönlichen Erfahrungen und den Berichten anderer Betroffener. Sie sollen Ihnen helfen, Ihren eigenen Weg zu finden, mit Depressionen umzugehen, sei es durch Therapie, Selbsthilfe oder den Aufbau eines unterstützenden sozialen Netzwerks.
Zusammenfassung

Depressionen sind eine ernsthafte Erkrankung, die das Leben der Betroffenen und ihrer Angehörigen stark beeinflussen kann. Doch sie sind behandelbar. Mit diesem Buch wollen wir nicht nur aufklären, sondern auch Mut machen, die ersten Schritte in Richtung Heilung zu gehen. Es ist an der Zeit, das Schweigen zu brechen und offen über Depressionen zu sprechen. Nur so können wir als Gesellschaft eine Welt schaffen, in der jeder Mensch die Unterstützung erhält, die er braucht.

Der gesellschaftliche Dialog
Ein offener Dialog über Depressionen ist notwendig, um Veränderungen herbeizuführen. Wenn wir als Gesellschaft anfangen, psychische Gesundheit genauso ernst zu nehmen wie körperliche Gesundheit, können wir eine Kultur des Mitgefühls und der Unterstützung schaffen. Dies bedeutet nicht nur, Betroffenen zuzuhören, sondern auch, Ressourcen bereitzustellen, um ihnen zu helfen. Gesundheitssysteme müssen besser auf psychische Erkrankungen ausgerichtet werden. In vielen Ländern sind die Wartezeiten für Therapieplätze unzumutbar lang, was die Situation der Betroffenen verschlimmert. Durch politische Maßnahmen und gesellschaftliches Engagement können wir dazu beitragen, dass Hilfe schneller verfügbar wird.

Eine persönliche Verbindung schaffen
Dieses Buch ist nicht nur ein Werkzeug, sondern auch ein Begleiter. Es soll Ihnen das Gefühl geben, dass Sie nicht allein sind. Depressionen können ein isolierendes und einsames Erlebnis sein, aber durch die Worte in diesem Buch sollen Sie spüren, dass es Menschen gibt, die Sie verstehen und unterstützen wollen.
Die Geschichten und Informationen in diesem Buch basieren auf wissenschaftlichen Erkenntnissen, persönlichen Erfahrungen und den Berichten anderer Betroffener. Sie sollen Ihnen helfen, Ihren eigenen Weg zu finden, mit Depressionen umzugehen, sei es durch Therapie, Selbsthilfe oder den Aufbau eines unterstützenden sozialen Netzwerks.
Zusammenfassung

Depressionen sind eine ernsthafte Erkrankung, die das Leben der Betroffenen und ihrer Angehörigen stark beeinflussen kann. Doch sie sind behandelbar. Mit diesem Buch wollen wir nicht nur aufklären, sondern auch Mut machen, die ersten Schritte in Richtung Heilung zu gehen. Es ist an der Zeit, das Schweigen zu brechen und offen über Depressionen zu sprechen. Nur so können wir als Gesellschaft eine Welt schaffen, in der jeder Mensch die Unterstützung erhält, die er braucht.

1.1 Was sind Depressionen?

Einführung: Mehr als nur Traurigkeit
Depressionen gehören zu den häufigsten psychischen Erkrankungen weltweit, doch sie sind auch eine der am meisten missverstandenen. Oft wird Depression fälschlicherweise mit einem „schlechten Tag" oder einer Phase der Traurigkeit gleichgesetzt, die jeder Mensch erleben kann. Tatsächlich handelt es sich bei Depressionen um eine komplexe Erkrankung, die sowohl die emotionale als auch die körperliche und soziale Ebene eines Menschen beeinflusst. Um diese Krankheit besser zu verstehen, müssen wir uns mit ihrer Definition, ihren verschiedenen Formen und ihren Auswirkungen auseinandersetzen.

Medizinische Definition von Depressionen

Depressionen sind nach der Internationalen Klassifikation der Krankheiten (ICD-11) und dem Diagnostischen und Statistischen Manual Psychischer Störungen (DSM-5) psychische Störungen, die durch anhaltende Traurigkeit, Antriebslosigkeit und den Verlust von Freude an Aktivitäten gekennzeichnet sind, die zuvor als angenehm empfunden wurden. Die Symptome müssen über einen Zeitraum von mindestens zwei Wochen bestehen, um als Depression diagnostiziert zu werden.
Zu den Hauptsymptomen einer Depression gehören:

1. Anhaltend gedrückte Stimmung: Eine tiefe
   Traurigkeit oder emotionale Leere, die über
   Tage, Wochen oder sogar Monate anhält.
2. Verlust von Interesse und Freude: Aktivitäten,
   die früher Spaß gemacht haben, erscheinen
   plötzlich bedeutungslos oder belastend.
3. Verminderter Antrieb: Selbst einfache
   Aufgaben wie Aufstehen oder Einkaufen
   können unüberwindbar erscheinen.

Zusätzlich können weitere Symptome auftreten,
darunter Schlafstörungen, Konzentrationsprobleme,
Schuldgefühle, Appetitveränderungen und
körperliche Beschwerden wie Kopf- oder
Rückenschmerzen.

Verschiedene Arten von Depressionen

Depressionen sind nicht alle gleich. Sie können sich
in ihrer Intensität, Dauer und ihren Auslösern
unterscheiden. Hier sind einige der häufigsten
Formen:

1. Major Depression (Schwere depressive
   Episode): Diese Form ist durch intensive
   Symptome gekennzeichnet, die das tägliche
   Leben erheblich beeinträchtigen. Die
   Betroffenen kämpfen oft mit einem Gefühl der
   Hoffnungslosigkeit und sind in ihrer Fähigkeit,
   alltägliche Aufgaben zu bewältigen, stark
   eingeschränkt.

2. **Dysthymie (Persistierende depressive Störung):** Diese Form ist weniger schwerwiegend, aber chronisch. Die Symptome sind über Jahre hinweg präsent und können das Leben langfristig belasten.
3. **Bipolare Störung:** Früher als manisch-depressive Erkrankung bekannt, ist diese Form durch extreme Stimmungsschwankungen gekennzeichnet, die von Hochphasen (Manien) bis hin zu schweren Depressionen reichen.
4. **Postpartale Depression:** Diese tritt bei Frauen nach der Geburt auf und ist oft mit hormonellen Veränderungen, Schlafmangel und den Herausforderungen des Mutterseins verbunden.
5. **Saisonale affektive Störung (SAD):** Diese Form tritt in den dunklen Wintermonaten auf und wird durch einen Mangel an Sonnenlicht verursacht. Sie ist oft von Müdigkeit und Antriebslosigkeit begleitet.
6. **Psychotische Depression:** Eine schwere Form, bei der die Betroffenen zusätzlich zu den depressiven Symptomen Wahnvorstellungen oder Halluzinationen erleben.

Der Unterschied zwischen Depressionen und normaler Traurigkeit

Es ist wichtig, Depressionen von alltäglicher Traurigkeit zu unterscheiden. Traurigkeit ist eine normale emotionale Reaktion auf belastende Ereignisse wie den Verlust eines geliebten Menschen, das Scheitern eines Projekts oder andere Enttäuschungen. Diese Gefühle sind vorübergehend und lassen nach, wenn die Situation verarbeitet ist. Depressionen hingegen sind nicht an äußere Umstände gebunden und verschwinden nicht von selbst. Betroffene fühlen sich oft leer und hoffnungslos, selbst wenn es keinen offensichtlichen Grund dafür gibt. Zudem können Depressionen mit einer Vielzahl von körperlichen Symptomen einhergehen, die bei normaler Traurigkeit nicht auftreten.

Häufigkeit und gesellschaftliche Auswirkungen

Depressionen sind eine globale Herausforderung. Laut der Weltgesundheitsorganisation (WHO) sind weltweit mehr als 280 Millionen Menschen betroffen. In Deutschland leiden etwa 8% der Bevölkerung jährlich an Depressionen. Frauen sind doppelt so häufig betroffen wie Männer, was auf hormonelle Unterschiede sowie soziale und kulturelle Faktoren zurückzuführen sein könnte.

Die wirtschaftlichen und sozialen Auswirkungen von Depressionen sind enorm. Sie gehören zu den Hauptursachen für Arbeitsunfähigkeit und stellen eine erhebliche Belastung für das Gesundheitssystem dar. Allein in Deutschland entstehen durch Depressionen jährlich Kosten in Milliardenhöhe, einschließlich direkter medizinischer Kosten und indirekter Kosten durch Produktivitätsverluste.

Wie Depressionen sich anfühlen

Für Menschen, die noch nie eine Depression erlebt haben, ist es oft schwer nachzuvollziehen, wie überwältigend diese Erkrankung sein kann. Viele Betroffene beschreiben das Gefühl, als ob sie in einem dunklen Loch sitzen würden, aus dem es kein Entrinnen gibt. Andere berichten von einem völligen Verlust der Lebensfreude, als ob alle Farben des Lebens verblasst wären. Selbst alltägliche Aufgaben wie das Aufstehen oder ein Gespräch können, wie unüberwindbare Hürden erscheinen. Gerne gehe ich darauf mal näher ein, um zu versuchen ein Bild in jedem zu erzeugen, der sowas noch nicht erleben musste.

Das Unsichtbare spürbar machen

Depressionen sind eine der am schwersten zu beschreibenden psychischen Erkrankungen, weil sie oft unsichtbar sind. Menschen mit Depressionen kämpfen innerlich, während sie äußerlich „normal" erscheinen können. Für Außenstehende ist es oft schwer zu verstehen, wie tiefgreifend und lähmend diese Krankheit sein kann. Depressionen beeinflussen nicht nur die Gefühle einer Person, sondern auch ihre Wahrnehmung, ihr Denken, ihre körperliche Energie und ihre gesamte Lebenseinstellung. Dieser Abschnitt versucht, das Gefühl einer Depression in Worte zu fassen, um Außenstehenden einen Eindruck zu vermitteln und Betroffenen das Gefühl zu geben, dass sie nicht allein sind.

Die wirtschaftlichen und sozialen Auswirkungen von Depressionen sind enorm. Sie gehören zu den Hauptursachen für Arbeitsunfähigkeit und stellen eine erhebliche Belastung für das Gesundheitssystem dar. Allein in Deutschland entstehen durch Depressionen jährlich Kosten in Milliardenhöhe, einschließlich direkter medizinischer Kosten und indirekter Kosten durch Produktivitätsverluste.

Wie Depressionen sich anfühlen

Für Menschen, die noch nie eine Depression erlebt haben, ist es oft schwer nachzuvollziehen, wie überwältigend diese Erkrankung sein kann. Viele Betroffene beschreiben das Gefühl, als ob sie in einem dunklen Loch sitzen würden, aus dem es kein Entrinnen gibt. Andere berichten von einem völligen Verlust der Lebensfreude, als ob alle Farben des Lebens verblasst wären. Selbst alltägliche Aufgaben wie das Aufstehen oder ein Gespräch können, wie unüberwindbare Hürden erscheinen. Gerne gehe ich darauf mal näher ein, um zu versuchen ein Bild in jedem zu erzeugen, der sowas noch nicht erleben musste.

Das Unsichtbare spürbar machen

Depressionen sind eine der am schwersten zu beschreibenden psychischen Erkrankungen, weil sie oft unsichtbar sind. Menschen mit Depressionen kämpfen innerlich, während sie äußerlich „normal" erscheinen können. Für Außenstehende ist es oft schwer zu verstehen, wie tiefgreifend und lähmend diese Krankheit sein kann. Depressionen beeinflussen nicht nur die Gefühle einer Person, sondern auch ihre Wahrnehmung, ihr Denken, ihre körperliche Energie und ihre gesamte Lebenseinstellung. Dieser Abschnitt versucht, das Gefühl einer Depression in Worte zu fassen, um Außenstehenden einen Eindruck zu vermitteln und Betroffenen das Gefühl zu geben, dass sie nicht allein sind.

1. Eine ständige Dunkelheit

Depressionen werden oft mit Metaphern beschrieben, die Dunkelheit oder Schwere symbolisieren. Betroffene sprechen von einem „dunklen Loch", in das sie gefallen sind, oder einem „Schatten", der über ihnen schwebt und sie von der Außenwelt abschirmt. Dieses Gefühl der Dunkelheit geht oft mit einem Verlust des Lichts einher – Dinge, die früher Freude bereiteten, erscheinen bedeutungslos. Die Welt verliert ihre Farben, ihre Lebendigkeit und ihren Sinn. Selbst die einfachsten Freuden, wie das Lächeln eines Kindes oder ein schöner Sonnenaufgang, lösen keine Reaktion mehr aus.

2. Emotionale Taubheit

Während viele Depressionen mit intensiver Traurigkeit assoziiert werden, berichten einige Betroffene von einem Gefühl der emotionalen Taubheit. Sie fühlen sich, als wären ihre Gefühle abgeschaltet. Freude, Trauer, Wut oder Liebe – all diese Emotionen, die normalerweise das Leben lebenswert machen, sind wie verschwunden. Betroffene beschreiben es oft als ein Gefühl, „innerlich tot" zu sein. Diese Taubheit kann besonders belastend sein, da sie das Gefühl verstärkt, von der Welt abgeschnitten zu sein.

3. Überwältigende Erschöpfung

Eine Depression ist nicht nur eine mentale Erkrankung – sie hat tiefgreifende körperliche Auswirkungen. Viele Menschen erleben eine überwältigende Müdigkeit, die nicht mit normaler Erschöpfung vergleichbar ist. Es ist nicht die Art von Müdigkeit, die durch eine Nacht guten Schlafs behoben werden kann. Stattdessen fühlt sich jeder Schritt, jede Bewegung und jede Aufgabe wie eine enorme Anstrengung an. Selbst einfache Dinge wie das Aufstehen aus dem Bett oder das Anziehen können sich wie eine unüberwindbare Hürde anfühlen.

4. Das Gefühl der Wertlosigkeit

Depressionen greifen oft das Selbstwertgefühl an. Betroffene fühlen sich oft schuldig oder wertlos, selbst wenn es keinen objektiven Grund dafür gibt. Sie neigen dazu, sich selbst für alles verantwortlich zu machen – für Dinge, die schiefgehen, für Probleme in Beziehungen oder sogar für ihre eigene Erkrankung. Diese irrationalen Schuldgefühle können überwältigend sein und führen oft zu einem inneren Dialog, der von Selbstkritik und negativen Gedanken geprägt ist.

5. Der Verlust der Kontrolle

Depressionen können das Gefühl erzeugen, dass
man die Kontrolle über das eigene Leben verliert.
Betroffene fühlen sich wie Gefangene ihrer eigenen
Gedanken und Emotionen. Sie erleben ein ständiges
Grübeln – ein Kreislauf negativer Gedanken, aus
dem sie nicht ausbrechen können. Dieses Grübeln
macht es schwer, klare Entscheidungen zu treffen
oder überhaupt aktiv zu werden. Selbst alltägliche
Aufgaben können sich chaotisch und
unüberwindbar anfühlen.

6. Der innere Kampf

Eine der schwierigsten Aspekte von Depressionen ist
der innere Kampf, der ständig stattfindet. Betroffene
wissen oft rational, dass sie bestimmte Dinge tun
sollten – zum Beispiel aufstehen, essen, arbeiten oder
soziale Kontakte pflegen. Doch die Krankheit nimmt
ihnen die Fähigkeit, diesen Dingen nachzugehen.
Dieser Konflikt zwischen dem, was sie „tun sollten",
und dem, was sie tatsächlich tun können, verstärkt
oft die Schuldgefühle und das Gefühl des Versagens.

7. Isolation und Einsamkeit

Depressionen treiben Menschen oft in die Isolation. Betroffene ziehen sich von Freunden, Familie und sozialen Aktivitäten zurück, weil sie das Gefühl haben, eine Last zu sein oder weil sie die Energie für soziale Interaktionen nicht aufbringen können. Diese Isolation verstärkt das Gefühl der Einsamkeit, was wiederum die Symptome der Depression verschlimmert. Es entsteht ein Teufelskreis, aus dem es schwer ist auszubrechen.

---

8. Körperliche Schmerzen und Unwohlsein

Depressionen manifestieren sich oft auch körperlich. Viele Betroffene berichten von anhaltenden Schmerzen wie Kopfschmerzen, Rückenschmerzen oder einem allgemeinen Gefühl von Unwohlsein. Diese körperlichen Symptome können dazu führen, dass Depressionen oft nicht als solche erkannt werden, da sie fälschlicherweise als rein physische Beschwerden wahrgenommen werden.

---

9. Der Verlust der Zukunftsperspektive

Ein weiteres häufiges Gefühl bei Depressionen ist die Hoffnungslosigkeit. Betroffene haben das Gefühl, dass sich nichts ändern wird, dass es keine Zukunft gibt und dass alles, was sie tun, sinnlos ist. Diese Perspektivlosigkeit kann so überwältigend sein, dass sie das gesamte Denken dominiert und die Betroffenen daran hindert, Hilfe zu suchen oder an einer Verbesserung ihrer Situation zu arbeiten.

10. Angst und Unsicherheit

Depressionen gehen oft Hand in Hand mit Angst. Viele Betroffene fühlen sich permanent nervös oder unsicher, ohne dass es einen konkreten Grund dafür gibt. Diese Angst kann sich in Form von Sorgen um die eigene Zukunft, soziale Ängste oder sogar Panikattacken äußern. Die Kombination aus Angst und Depression kann besonders lähmend sein und die Lebensqualität erheblich beeinträchtigen.

11. Suizidgedanken und Verzweiflung

In schweren Fällen von Depressionen können Betroffene Suizidgedanken entwickeln. Diese Gedanken entstehen oft aus einem Gefühl der völligen Hoffnungslosigkeit und dem Wunsch, dem emotionalen Schmerz zu entkommen. Es ist wichtig zu betonen, dass Suizidgedanken ein ernstzunehmendes Warnsignal sind und sofortige professionelle Hilfe erfordern. Sie sind ein Zeichen dafür, dass die Belastung für die Betroffenen unerträglich geworden ist.

12. Der Verlust der Identität

Depressionen können dazu führen, dass Menschen das Gefühl haben, ihre eigene Identität zu verlieren. Sie erkennen sich selbst nicht mehr wieder – die Dinge, die sie früher definiert haben, wie ihre Hobbys, ihre Ziele oder ihre Beziehungen, erscheinen ihnen fremd oder bedeutungslos. Dieser Verlust der Selbstwahrnehmung kann sehr beängstigend sein und das Gefühl verstärken, dass sie „nicht mehr sie selbst" sind.

13. Wie Außenstehende Depressionen wahrnehmen

Für Außenstehende können Depressionen schwer verständlich sein. Freunde oder Familie sehen oft nur die äußeren Symptome, wie Rückzug oder Trägheit, und interpretieren diese falsch. Es ist nicht selten, dass Betroffene mit Aussagen wie „Reiß dich zusammen" oder „Du hast doch gar keinen Grund, traurig zu sein" konfrontiert werden. Solche Kommentare, obwohl gut gemeint, können das Gefühl der Isolation und des Unverständnisses verstärken.

14. Der Kampf ums Überleben

Für viele Menschen mit Depressionen fühlt sich jeder Tag wie ein Kampf ums Überleben an. Sie müssen sich gegen ihre eigenen Gedanken, Emotionen und den körperlichen Schmerz behaupten. Dieser ständige Kampf kann extrem ermüdend sein und das Gefühl verstärken, dass die Depression „gewinnt".

Zusammenfassung: Eine unsichtbare Last
Depressionen sind eine unsichtbare Last, die das Leben der Betroffenen in allen Bereichen beeinflusst. Sie sind schwer zu beschreiben und noch schwerer zu verstehen, wenn man sie nicht selbst erlebt hat. Für diejenigen, die mit Depressionen kämpfen, ist es wichtig zu wissen, dass sie nicht allein sind und dass es Hilfe gibt. Der erste Schritt ist, die Gefühle zu akzeptieren und Unterstützung zu suchen – sei es durch Therapie, Medikamente oder die Unterstützung von Familie und Freunden.

Diagnose von Depressionen

Die Diagnose einer Depression erfolgt durch Fachleute wie Psychologen oder Psychiater. Sie basiert auf standardisierten Kriterien, wie sie im DSM-5 oder der ICD-11 festgelegt sind. Zu den häufig genutzten Diagnosemethoden gehören:

1. Anamnese: Eine ausführliche Befragung der Symptome, der Krankengeschichte und der aktuellen Lebenssituation.
2. Fragebögen: Instrumente wie der Beck-Depressions-Inventar (BDI) oder die Hamilton Depressionsskala (HAM-D) helfen, die Schwere der Symptome zu bewerten.
3. Ausschluss anderer Ursachen: Körperliche Erkrankungen wie Schilddrüsenunterfunktion oder Vitamin-D-Mangel können ähnliche Symptome hervorrufen und müssen ausgeschlossen werden.

Warum werden Depressionen oft missverstanden?

Unsichtbare Krankheit, sichtbare Missverständnisse

Depressionen sind eine der am meisten missverstandenen Erkrankungen unserer Zeit. Obwohl Millionen von Menschen weltweit darunter leiden, wird die Krankheit oft falsch eingeschätzt oder gar nicht erkannt. Einer der Hauptgründe dafür ist ihre Unsichtbarkeit – im Gegensatz zu körperlichen Verletzungen oder Krankheiten gibt es bei Depressionen keine sichtbaren Symptome wie ein Gipsbein oder eine Hautveränderung. Diese Unsichtbarkeit führt dazu, dass Außenstehende die Schwere der Krankheit unterschätzen oder sie als reine „Einstellungssache" abtun. Doch die Gründe für diese Missverständnisse gehen tiefer. Sie sind verwoben mit gesellschaftlichen Stigmata, kulturellen Vorstellungen und einem Mangel an Bildung über psychische Gesundheit.

1. Das Stigma psychischer Erkrankungen

Einer der Hauptgründe, warum Depressionen oft missverstanden werden, liegt im gesellschaftlichen Stigma, das psychischen Erkrankungen anhaftet. In vielen Kulturen und Gemeinschaften wird psychische Gesundheit immer noch als Tabuthema betrachtet. Menschen, die an Depressionen leiden, werden häufig als „schwach" oder „unfähig" angesehen, und es wird erwartet, dass sie sich „zusammenreißen" oder „positiver denken". Dieses Stigma kann dazu führen, dass Betroffene ihre Symptome verstecken und sich isolieren, was wiederum dazu beiträgt, dass die Krankheit nicht ernst genommen wird.

Darüber hinaus gibt es immer noch den weit verbreiteten Glauben, dass psychische Gesundheit weniger wichtig sei als körperliche Gesundheit. Während die Gesellschaft Verständnis für Menschen mit sichtbaren körperlichen Erkrankungen zeigt, wird bei psychischen Erkrankungen oft ein Mangel an Empathie und Verständnis deutlich. Das führt dazu, dass Depressionen bagatellisiert werden und Betroffene sich noch mehr zurückziehen.

2. „Jeder ist mal traurig" – Die Verwechslung mit normaler Traurigkeit

Ein weiteres großes Missverständnis ist die Verwechslung von Depressionen mit alltäglicher Traurigkeit. Viele Menschen glauben, dass Depressionen einfach nur eine Phase von schlechter Laune oder vorübergehender Traurigkeit sind, die jeder Mensch durchmacht. Sie verstehen nicht, dass Depressionen eine ernsthafte Erkrankung sind, die das gesamte Leben eines Menschen beeinträchtigen kann.

Während Traurigkeit oft an ein spezifisches Ereignis wie den Verlust eines geliebten Menschen oder ein persönliches Scheitern gebunden ist, treten Depressionen unabhängig von äußeren Umständen auf. Menschen mit Depressionen können sich traurig oder leer fühlen, selbst wenn es keinen offensichtlichen Grund dafür gibt. Dieses Unverständnis kann dazu führen, dass Betroffene Sätze hören wie: „Reiß dich zusammen" oder „Denk einfach positiv". Solche Aussagen verstärken nicht nur das Gefühl der Isolation, sondern können auch die Symptome verschlimmern, indem sie die Betroffenen dazu bringen, ihre Krankheit zu leugnen.

3. Die Unsichtbarkeit der Krankheit

Depressionen sind unsichtbar, was ihre Diagnose und ihr Verständnis erheblich erschwert. Während körperliche Erkrankungen oft durch sichtbare Symptome oder medizinische Tests nachgewiesen werden können, basieren Depressionen auf subjektiven Erfahrungen, die von außen schwer zu erkennen sind. Betroffene sehen oft „normal" aus und können sogar in der Lage sein, ihre Symptome vor anderen zu verbergen, indem sie eine Maske der Normalität aufsetzen.

Diese Unsichtbarkeit führt dazu, dass Außenstehende die Krankheit nicht ernst nehmen oder sie als Übertreibung abtun. Sie sagen Dinge wie: „Du siehst doch gar nicht krank aus", was das Gefühl der Einsamkeit bei Betroffenen verstärkt. Die Unsichtbarkeit der Krankheit kann auch dazu führen, dass Betroffene selbst ihre Symptome nicht erkennen oder glauben, dass ihre Gefühle nicht „ernst genug" sind, um Hilfe zu suchen.

4. Gesellschaftliche Erwartungen und Leistungsdruck

Die moderne Gesellschaft stellt hohe Erwartungen an die individuelle Leistungsfähigkeit. Menschen werden oft daran gemessen, wie produktiv, erfolgreich oder belastbar sie sind. Depressionen passen nicht in dieses Bild, da sie oft mit einem Verlust von Antrieb, Energie und Motivation einhergehen. Betroffene fühlen sich deshalb nicht nur von ihrer Krankheit überwältigt, sondern auch von den gesellschaftlichen Erwartungen, die sie nicht erfüllen können.

Dieser Leistungsdruck verstärkt das Missverständnis, dass Depressionen eine „Schwäche" oder ein „Versagen" seien. Menschen, die nicht mehr in der Lage sind, zur Arbeit zu gehen oder soziale Verpflichtungen einzuhalten, werden oft als faul oder unzuverlässig abgestempelt. Solche Vorurteile tragen dazu bei, dass Depressionen nicht als ernsthafte Erkrankung anerkannt werden.

5. Fehlendes Wissen über die Krankheit

Ein weiterer Grund, warum Depressionen oft missverstanden werden, ist der Mangel an Wissen über die Krankheit. Viele Menschen verstehen nicht, dass Depressionen eine medizinische Grundlage haben und durch ein Zusammenspiel von biologischen, psychologischen und sozialen Faktoren verursacht werden. Studien zeigen, dass Veränderungen in der Gehirnchemie, genetische Veranlagung und hormonelle Ungleichgewichte eine Rolle spielen können.

Ohne dieses Wissen neigen Außenstehende dazu, Depressionen ausschließlich als eine Frage der Einstellung oder des Charakters zu betrachten. Aussagen wie „Das ist alles nur Kopfsache" oder „Andere haben es doch auch schwer" sind Ausdruck dieses Missverständnisses. Eine bessere Aufklärung über die biologischen und psychologischen Grundlagen von Depressionen könnte dazu beitragen, diese falschen Vorstellungen zu korrigieren.

6. Kulturelle Unterschiede im Umgang mit Depressionen

Die Art und Weise, wie Depressionen wahrgenommen werden, variiert stark zwischen verschiedenen Kulturen. In westlichen Ländern wird zunehmend erkannt, dass psychische Gesundheit genauso wichtig ist wie körperliche Gesundheit. Dennoch gibt es auch hier immer noch Stigmata und Missverständnisse. In anderen Kulturen werden Depressionen oft gar nicht als Krankheit anerkannt, sondern als persönliches Versagen oder als „spirituelles Problem" betrachtet.
In einigen Gemeinschaften wird von den Betroffenen erwartet, ihre Gefühle zu verbergen und „stark zu bleiben", um ihre Familie oder ihr Ansehen zu schützen. Diese kulturellen Normen können es Betroffenen erschweren, offen über ihre Symptome zu sprechen oder Hilfe zu suchen, was wiederum das Verständnis für die Krankheit erschwert.

7. Die Medien und ihre Darstellung von Depressionen

Die Medien spielen eine wichtige Rolle dabei, wie Depressionen in der Gesellschaft wahrgenommen werden. Leider tragen sie oft dazu bei, falsche Vorstellungen zu verbreiten. Filme und Serien stellen Depressionen häufig als extreme, dramatische Zustände dar, die mit offensichtlichen Zeichen wie Tränen, Isolation oder Selbstzerstörung verbunden sind. Während solche Darstellungen einige Aspekte der Krankheit zeigen, lassen sie die subtileren und alltäglicheren Symptome außer Acht, die viele Betroffene erleben.

Diese vereinfachte Darstellung kann dazu führen, dass Menschen glauben, jemand mit Depressionen müsse ständig weinen oder völlig handlungsunfähig sein, um als „wirklich krank" zu gelten. Dies führt dazu, dass weniger offensichtliche Fälle von Depressionen nicht erkannt oder ernst genommen werden.

8. Der Kampf der Betroffenen mit sich selbst

Ein weiteres Missverständnis entsteht dadurch, dass viele Menschen mit Depressionen in der Lage sind, ihre Symptome zu verbergen und nach außen hin „funktionieren". Sie gehen zur Arbeit, lächeln bei Familienfeiern und erscheinen nach außen hin normal. Doch dieser Kampf, sich trotz der inneren Dunkelheit „zusammenzureißen", ist oft extrem belastend und verstärkt das Gefühl der Isolation. Außenstehende sehen nur die Fassade und denken: „Wenn sie zur Arbeit gehen können, kann es ja nicht so schlimm sein."

Zusammenfassung:

Ein Teufelskreis aus Unverständnis
Depressionen sind eine der häufigsten, aber auch eine der am wenigsten verstandenen Erkrankungen. Das Stigma, die Unsichtbarkeit der Krankheit, der Mangel an Wissen und gesellschaftliche Erwartungen tragen alle dazu bei, dass Depressionen oft falsch interpretiert oder nicht ernst genommen werden. Dieses Unverständnis verstärkt die Isolation der Betroffenen und erschwert es ihnen, die notwendige Unterstützung zu erhalten. Um diesen Teufelskreis zu durchbrechen, ist es entscheidend, das Bewusstsein für die Krankheit zu schärfen und eine Kultur des Mitgefühls und der Offenheit zu fördern.

Zusammenfassung des Kapitels

Depressionen sind mehr als nur eine Phase der Traurigkeit. Sie sind eine ernstzunehmende Erkrankung, die das Leben der Betroffenen und ihrer Umgebung erheblich beeinflussen kann. Mit der richtigen Unterstützung können jedoch auch schwere Depressionen bewältigt werden.

1.2 Symptome von Depressionen

Einleitung: Die vielfältigen Gesichter der Depression

Depressionen sind eine komplexe Erkrankung, die sich auf viele verschiedene Arten manifestieren kann. Die Symptome reichen von emotionalen Beschwerden bis hin zu körperlichen Beschwerden und sozialen Einschränkungen. Sie betreffen nicht nur die Gefühlswelt eines Menschen, sondern auch dessen Denken, Verhalten und körperliches Wohlbefinden. Da nicht jeder Betroffene die gleichen Symptome erlebt, ist es wichtig, die Vielfalt und Tiefe der Anzeichen zu verstehen, um eine frühzeitige Diagnose und Behandlung zu ermöglichen.

Emotionale Symptome

Die emotionalen Symptome einer Depression stehen oft im Mittelpunkt des Verständnisses dieser Erkrankung. Sie sind oft das erste, was Betroffene bemerken und beschreiben können. Zu den häufigsten emotionalen Symptomen gehören:

1. Anhaltende Traurigkeit: Eine anhaltende Niedergeschlagenheit oder Traurigkeit, die den ganzen Tag andauert und von den Betroffenen nicht kontrolliert werden kann.

2. Gefühl der Leere: Manche Menschen beschreiben das Gefühl, innerlich „leer" oder „abgestorben" zu sein, ohne eine spezifische emotionale Reaktion auf Ereignisse.
3. Hoffnungslosigkeit: Ein weit verbreitetes Gefühl, dass sich nichts im Leben verbessern wird, selbst wenn äußere Umstände objektiv positiv erscheinen.
4. Schuldgefühle: Ein übermäßiges Maß an Schuld oder Wertlosigkeit, das oft irrational ist und nicht im Verhältnis zu realen Ereignissen steht.
5. Reizbarkeit und Wut: Bei einigen Menschen zeigt sich die Depression durch ein erhöhtes Maß an Reizbarkeit oder unkontrollierte Wutausbrüche.

Kognitive Symptome

Depressionen haben einen tiefgreifenden Einfluss auf die Denkprozesse und die mentale Klarheit der Betroffenen. Dies kann sich in folgenden Bereichen zeigen:

1. Konzentrationsprobleme: Depressive Menschen haben oft Schwierigkeiten, sich auf Aufgaben zu konzentrieren oder Entscheidungen zu treffen, selbst bei alltäglichen Aktivitäten.

2. Gedankenkarussell: Wiederholende negative Gedanken oder Grübeln können überwältigend sein und die Betroffenen in einen Teufelskreis aus Selbstvorwürfen und Pessimismus führen.
3. Vergesslichkeit: Depressionen können das Gedächtnis beeinträchtigen, was zu Problemen bei der Arbeit oder im sozialen Leben führen kann.
4. Suizidgedanken: In schweren Fällen können Depressionen zu Gedanken an Selbstverletzung oder Suizid führen. Diese Gedanken sind ein Alarmsignal und erfordern sofortige professionelle Hilfe.

Körperliche Symptome

Obwohl Depressionen oft als rein psychische Erkrankung wahrgenommen werden, haben sie tiefgreifende Auswirkungen auf den Körper. Zu den häufigsten körperlichen Symptomen gehören:

1. Energieverlust: Ein überwältigendes Gefühl von Müdigkeit oder Erschöpfung, selbst nach ausreichend Schlaf, ist ein häufiges Symptom.
2. Schlafstörungen: Dies kann sich als Schlaflosigkeit, frühes Aufwachen oder übermäßiges Schlafbedürfnis äußern.
3. Appetitveränderungen: Manche Betroffene verlieren den Appetit, während andere Heißhungerattacken erleben, was oft zu Gewichtsveränderungen führt.

4. Körperliche Schmerzen: Rückenschmerzen,
    Kopfschmerzen und Muskelverspannungen
    sind häufige Begleiterscheinungen.
5. Verdauungsprobleme: Übelkeit, Verstopfung
    oder Durchfall können ebenfalls durch
    Depressionen verursacht werden.

Verhaltenssymptome

Die Art und Weise, wie Menschen mit Depressionen
handeln oder auf ihre Umgebung reagieren, kann
sich drastisch ändern. Zu den häufigsten
Verhaltenssymptomen gehören:
1. Sozialer Rückzug: Betroffene ziehen sich oft
    von Freunden und Familie zurück und
    vermeiden soziale Kontakte.
2. Verminderte Aktivität: Hobbys und Interessen,
    die früher Freude bereitet haben, werden oft
    vernachlässigt.
3. Veränderungen in der Selbstpflege: Manche
    Menschen hören auf, sich um ihr Äußeres oder
    ihre Hygiene zu kümmern.
4. Unruhe oder Verlangsamung: Manche
    Menschen wirken ungewöhnlich unruhig,
    während andere sehr langsam sprechen oder
    sich bewegen.

Symptome bei verschiedenen Altersgruppen

Die Symptome einer Depression können je nach Altersgruppe unterschiedlich aussehen. Bei Kindern äußert sich die Erkrankung oft in Form von Reizbarkeit oder Aggression, während Jugendliche häufig Rückzug und schulische Probleme zeigen. Bei älteren Menschen werden Depressionen oft übersehen, da die Symptome wie Müdigkeit oder Schlafstörungen als altersbedingte Beschwerden abgetan werden.

Saisonale Muster und zyklische Symptome

Einige Menschen erleben Depressionen in wiederkehrenden Mustern, wie bei der saisonalen affektiven Störung (SAD). Diese tritt vor allem in den Wintermonaten auf und ist durch Energielosigkeit, erhöhtes Schlafbedürfnis und Appetitveränderungen gekennzeichnet.

Zusammenhang zwischen Symptomen und Funktionseinschränkungen

Die oben beschriebenen Symptome beeinflussen nicht nur das persönliche Wohlbefinden, sondern auch die Fähigkeit, alltägliche Aufgaben zu bewältigen. Viele Betroffene haben Schwierigkeiten, zur Arbeit zu gehen, Beziehungen aufrechtzuerhalten oder sich um ihre Kinder zu kümmern.

Langfristige Auswirkungen unbehandelter Depressionen

Unbehandelte Depressionen können schwerwiegende Folgen haben. Sie erhöhen das Risiko für chronische Erkrankungen wie Herz-Kreislauf-Probleme, Diabetes und Immunschwächen. Zudem können sie die Lebenserwartung durch Selbstvernachlässigung oder Suizidgedanken erheblich verkürzen.

Erkennung und Bewertung von Symptomen

Die Vielfalt und der Schweregrad der Symptome machen es schwierig, Depressionen frühzeitig zu erkennen. Ein umfassendes Screening durch Fachleute, wie die Verwendung von standardisierten Fragebögen (z. B. Beck-Depressions-Inventar), ist entscheidend, um eine genaue Diagnose zu stellen und die richtige Behandlung einzuleiten.

Zusammenfassung des Kapitels

Die Symptome von Depressionen sind vielfältig und betreffen alle Aspekte des Lebens. Sie reichen von emotionalen und kognitiven Beschwerden bis hin zu körperlichen und sozialen Einschränkungen. Eine frühzeitige Erkennung und Behandlung der Symptome kann den Verlauf der Krankheit positiv beeinflussen und den Betroffenen helfen, ihre Lebensqualität wiederherzustellen.

Ursachen von Depressionen

1. Biologische Ursachen

1.1 Genetik: Eine vererbte Anfälligkeit

Die genetische Veranlagung spielt eine entscheidende Rolle bei der Entstehung von Depressionen. Studien zeigen, dass Menschen, deren nahe Verwandte an Depressionen leiden, ein erhöhtes Risiko haben, selbst betroffen zu sein. Insbesondere Zwillingsstudien verdeutlichen diesen Zusammenhang: Bei eineiigen Zwillingen besteht eine Wahrscheinlichkeit von 50-70%, dass beide an Depressionen erkranken, wenn einer betroffen ist. Dies deutet darauf hin, dass genetische Faktoren eine starke Grundlage für die Anfälligkeit gegenüber Depressionen bilden.

Forscher haben verschiedene Gene identifiziert, die mit Depressionen in Verbindung stehen, darunter Gene, die die Funktion von Neurotransmittern wie Serotonin beeinflussen. Ein Beispiel ist das Serotonin-Transporter-Gen (5-HTTLPR), das in seiner kurzen Variante mit einem erhöhten Depressionsrisiko assoziiert ist. Diese genetischen Faktoren bestimmen jedoch nicht allein, ob jemand eine Depression entwickelt. Vielmehr interagieren sie mit Umweltfaktoren wie Stress oder Trauma, um das Risiko zu erhöhen.

1.2 Neurotransmitter und Gehirnchemie

Die Rolle von Neurotransmittern – den chemischen Botenstoffen des Gehirns – ist zentral für das Verständnis von Depressionen. Serotonin, Dopamin und Noradrenalin sind die bekanntesten Neurotransmitter, die die Stimmung, Motivation und den Schlaf regulieren. Ein Ungleichgewicht dieser Substanzen kann depressive Symptome hervorrufen. Beispielsweise ist ein niedriger Serotoninspiegel mit Traurigkeit, Antriebslosigkeit und Hoffnungslosigkeit verbunden.

Antidepressiva, wie selektive Serotonin-Wiederaufnahmehemmer (SSRIs), zielen darauf ab, dieses Ungleichgewicht zu korrigieren, indem sie die Verfügbarkeit von Serotonin im Gehirn erhöhen. Dies verdeutlicht, wie wichtig die Gehirnchemie für die Regulation von Emotionen und Stimmungen ist.

1.3 Hormonelle Einflüsse

Hormone haben ebenfalls einen signifikanten Einfluss auf die Entstehung von Depressionen. Besonders Frauen erleben hormonelle Schwankungen, die depressive Episoden auslösen können. Dazu gehören die Pubertät, Schwangerschaft, Geburt (postpartale Depression) und die Menopause. Der plötzliche Abfall von Östrogen und Progesteron nach der Geburt kann beispielsweise depressive Symptome hervorrufen, die oft als „Baby Blues" beginnen und sich zu einer ernsthaften Depression entwickeln können.

Auch Schilddrüsenhormone spielen eine Rolle. Eine Unterfunktion der Schilddrüse (Hypothyreose) ist häufig mit Symptomen wie Müdigkeit, Antriebslosigkeit und depressiver Verstimmung verbunden.

1.4 Veränderungen in der Gehirnstruktur

Bildgebende Verfahren wie die funktionelle Magnetresonanztomographie (fMRT) haben gezeigt, dass bestimmte Bereiche des Gehirns bei Menschen mit Depressionen verändert sind. Der Hippocampus, der für das Gedächtnis und die Emotionsregulation verantwortlich ist, ist bei depressiven Menschen oft kleiner. Auch die Aktivität im präfrontalen Kortex, der für Entscheidungsfindung und Impulskontrolle zuständig ist, ist oft verringert.

Diese Veränderungen können durch chronischen Stress oder traumatische Erlebnisse verursacht werden. Langfristig hoher Cortisolspiegel – ein Stresshormon – kann den Hippocampus schrumpfen lassen, was die Fähigkeit zur Emotionsregulation beeinträchtigt.

2. Psychologische Faktoren

2.1 Negative Denkmuster: Der Kreislauf der Negativität

Psychologische Faktoren spielen eine zentrale Rolle bei der Entstehung und Aufrechterhaltung von Depressionen. Ein besonders signifikanter Faktor ist die Neigung zu negativen Denkmustern. Menschen mit Depressionen sehen die Welt oft durch eine pessimistische Linse und neigen dazu, ihre Fähigkeiten, ihren Wert und ihre Zukunft negativ zu bewerten. Diese Denkmuster werden als „kognitive Triade" bezeichnet und umfassen:

1. Negative Gedanken über sich selbst („Ich bin wertlos."),
2. Negative Gedanken über die Welt („Alles ist sinnlos.") und
3. Negative Gedanken über die Zukunft („Es wird sich nie ändern.").

Diese Denkmuster verstärken sich oft gegenseitig und führen zu einem Teufelskreis aus Selbstzweifeln und Hoffnungslosigkeit. Sie beeinträchtigen die Fähigkeit, Lösungen zu finden oder positive Veränderungen herbeizuführen.

2.2 Persönlichkeitsmerkmale und Resilienz

Bestimmte Persönlichkeitsmerkmale können die Anfälligkeit für Depressionen erhöhen. Menschen, die zu Perfektionismus, Selbstkritik oder übermäßigem Verantwortungsbewusstsein neigen, haben ein höheres Risiko, depressive Symptome zu entwickeln. Perfektionisten setzen sich oft unrealistische Ziele und erleben bei jedem Scheitern ein Gefühl von Versagen.

Auf der anderen Seite gibt es Menschen mit hoher Resilienz – der Fähigkeit, sich von Rückschlägen zu erholen. Resilienz kann durch Unterstützungssysteme, optimistische Denkmuster und Selbstwirksamkeit gefördert werden. Menschen mit geringer Resilienz sind anfälliger für die Auswirkungen von Stress und negativen Ereignissen.

2.3 Trauma und Kindheitserfahrungen

Traumatische Erfahrungen, insbesondere in der Kindheit, sind ein bedeutender Risikofaktor für Depressionen. Dazu gehören Vernachlässigung, Missbrauch, der Verlust eines Elternteils oder das Aufwachsen in einer konfliktbeladenen Umgebung. Solche Erfahrungen hinterlassen oft tiefe emotionale Wunden, die die Fähigkeit zur Stressbewältigung und Emotionsregulation beeinträchtigen. Studien zeigen, dass Menschen mit traumatischen Kindheitserfahrungen häufig eine überaktive Stressreaktion entwickeln. Diese Menschen reagieren stärker auf alltägliche Belastungen, was das Risiko für Depressionen erhöht.

2.4 Erlernte Hilflosigkeit

Das Konzept der „erlernten Hilflosigkeit" erklärt, wie frühere negative Erfahrungen die Wahrnehmung der Kontrolle über das eigene Leben beeinflussen können. Menschen, die wiederholt negative Ereignisse erleben, auf die sie keinen Einfluss haben, neigen dazu, das Gefühl zu entwickeln, dass sie keine Kontrolle über ihre Umstände haben. Dieses Gefühl der Hilflosigkeit kann in Depressionen münden, da die Betroffenen das Vertrauen in ihre Fähigkeit verlieren, Veränderungen herbeizuführen.

2.5 Stressbewältigung und Coping-Strategien

Wie Menschen mit Stress umgehen, beeinflusst das Risiko für Depressionen erheblich. Menschen, die adaptive Coping-Strategien anwenden, wie z. B. Problemlösung oder soziale Unterstützung, sind weniger anfällig für Depressionen. Im Gegensatz dazu erhöhen maladaptive Coping-Strategien wie Vermeidung, Substanzmissbrauch oder Grübeln das Risiko erheblich.

3. Soziale Ursachen

3.1 Isolation und Einsamkeit
Soziale Isolation ist ein signifikanter Faktor bei der Entstehung von Depressionen. Menschen, die keine engen Beziehungen oder ein unterstützendes soziales Netzwerk haben, sind anfälliger für depressive Symptome. Einsamkeit verstärkt nicht nur die negativen Gedanken, sondern verhindert auch, dass Betroffene Hilfe suchen oder von den positiven Einflüssen sozialer Interaktionen profitieren.

3.2 Belastende Lebensereignisse
Ereignisse wie der Verlust eines geliebten Menschen, Scheidung, Arbeitslosigkeit oder finanzielle Probleme können als Trigger für Depressionen wirken. Besonders Ereignisse, die als unkontrollierbar wahrgenommen werden, erhöhen das Risiko erheblich. Der Verlust von Stabilität und Sicherheit kann ein Gefühl von Hoffnungslosigkeit hervorrufen.

3.3 Soziale Erwartungen und Vergleich
Der Druck, gesellschaftliche Erwartungen zu erfüllen, ist ein moderner Stressfaktor, der Depressionen begünstigt. Besonders in einer Welt, die durch soziale Medien geprägt ist, erleben viele Menschen das Gefühl, nicht „gut genug" zu sein. Der ständige Vergleich mit idealisierten Darstellungen von Erfolg, Schönheit oder Glück kann das Selbstwertgefühl untergraben.

Zusammenfassung: Ursachen als Puzzle

Depressionen entstehen durch ein Zusammenspiel biologischer, psychologischer und sozialer Faktoren. Keine Ursache steht für sich allein – sie wirken zusammen und beeinflussen sich gegenseitig. Dieses Verständnis ist entscheidend, um präventive Maßnahmen zu entwickeln und individuelle Behandlungspläne zu erstellen.

2.5 Stressbewältigung und Coping-Strategien

Wie Menschen mit Stress umgehen, beeinflusst das Risiko für Depressionen erheblich. Menschen, die adaptive Coping-Strategien anwenden, wie z. B. Problemlösung oder soziale Unterstützung, sind weniger anfällig für Depressionen. Im Gegensatz dazu erhöhen maladaptive Coping-Strategien wie Vermeidung, Substanzmissbrauch oder Grübeln das Risiko erheblich.

3. Soziale Ursachen

3.1 Isolation und Einsamkeit
Soziale Isolation ist ein signifikanter Faktor bei der Entstehung von Depressionen. Menschen, die keine engen Beziehungen oder ein unterstützendes soziales Netzwerk haben, sind anfälliger für depressive Symptome. Einsamkeit verstärkt nicht nur die negativen Gedanken, sondern verhindert auch, dass Betroffene Hilfe suchen oder von den positiven Einflüssen sozialer Interaktionen profitieren.

3.2 Belastende Lebensereignisse
Ereignisse wie der Verlust eines geliebten Menschen, Scheidung, Arbeitslosigkeit oder finanzielle Probleme können als Trigger für Depressionen wirken. Besonders Ereignisse, die als unkontrollierbar wahrgenommen werden, erhöhen das Risiko erheblich. Der Verlust von Stabilität und Sicherheit kann ein Gefühl von Hoffnungslosigkeit hervorrufen.

3.3 Soziale Erwartungen und Vergleich
Der Druck, gesellschaftliche Erwartungen zu
erfüllen, ist ein moderner Stressfaktor, der
Depressionen begünstigt. Besonders in einer Welt,
die durch soziale Medien geprägt ist, erleben viele
Menschen das Gefühl, nicht „gut genug" zu sein.
Der ständige Vergleich mit idealisierten
Darstellungen von Erfolg, Schönheit oder Glück
kann das Selbstwertgefühl untergraben.

Zusammenfassung: Ursachen als Puzzle

Depressionen entstehen durch ein Zusammenspiel
biologischer, psychologischer und sozialer Faktoren.
Keine Ursache steht für sich allein – sie wirken
zusammen und beeinflussen sich gegenseitig. Dieses
Verständnis ist entscheidend, um präventive
Maßnahmen zu entwickeln und individuelle
Behandlungspläne zu erstellen.

1.4 Warum ist es so schwer, über Depressionen zu sprechen?

Einleitung: Das Schweigen über Depressionen

Depressionen gehören zu den häufigsten psychischen Erkrankungen weltweit, doch sie bleiben oft verborgen. Viele Betroffene ziehen es vor, ihre Gefühle und Symptome nicht zu teilen, sei es aus Scham, Angst vor Ablehnung oder weil sie glauben, dass sie nicht verstanden werden. Diese Zurückhaltung kann verheerende Folgen haben – sie verzögert die Diagnose, verhindert eine angemessene Behandlung und verstärkt die Isolation. Aber warum fällt es so schwer, über Depressionen zu sprechen? Dieser Abschnitt beleuchtet die vielfältigen Barrieren, die das offene Gespräch über Depressionen erschweren.

1. Gesellschaftliche Stigmatisierung

1.1 Stigmatisierung als Kernproblem

Psychische Erkrankungen sind in vielen Gesellschaften immer noch mit einem starken Stigma behaftet. Während körperliche Erkrankungen wie Diabetes oder Krebs oft Mitgefühl und Unterstützung hervorrufen, begegnen psychische Erkrankungen häufig Misstrauen, Skepsis oder Ablehnung. Menschen, die offen über ihre Depression sprechen, riskieren, als „schwach", „faul" oder „unfähig" abgestempelt zu werden.

1.2 Die Wurzeln des Stigmas

Das Stigma um Depressionen hat tiefe kulturelle und historische Wurzeln. In vielen Kulturen wurde psychische Krankheit lange als moralisches Versagen, Besessenheit oder göttliche Strafe angesehen. Obwohl sich die Medizin in den letzten Jahrhunderten weiterentwickelt hat, bleiben viele dieser Vorurteile bestehen. Medienberichte, die Menschen mit psychischen Erkrankungen oft als gefährlich oder unberechenbar darstellen, verstärken dieses Bild.

1.3 Die Auswirkungen des Stigmas

Das Stigma hat weitreichende Folgen: Es hält Betroffene davon ab, Hilfe zu suchen, und verstärkt das Gefühl der Isolation. Viele Menschen schämen sich für ihre Symptome und versuchen, sie vor anderen zu verbergen. Dadurch wird das Schweigen zu einem Teufelskreis, der die Krankheit verschlimmert.

2. Missverständnisse über Depressionen

2.1 „Das ist keine echte Krankheit"

Ein weit verbreitetes Missverständnis ist, dass Depressionen keine „echte" Krankheit seien. Viele Menschen glauben, dass Betroffene einfach „positiver denken" oder sich „zusammenreißen" sollten. Diese Ansicht verkennt die Tatsache, dass Depressionen eine ernsthafte Erkrankung mit biologischen, psychologischen und sozialen Ursachen sind.

2.2 Verwechslung mit Traurigkeit

Depressionen werden oft mit normaler Traurigkeit verwechselt. Während Traurigkeit eine natürliche Reaktion auf belastende Ereignisse ist, sind Depressionen eine langanhaltende und tiefgreifende Erkrankung, die das gesamte Leben einer Person beeinflusst. Diese Verwechslung führt dazu, dass Betroffene häufig nicht ernst genommen werden.

2.3 Geschlechterklischees

Geschlechterklischees tragen ebenfalls zum Schweigen bei. Männer, die sich depressiv fühlen, haben oft Schwierigkeiten, ihre Gefühle zu teilen, weil sie befürchten, als „schwach" wahrgenommen zu werden. Frauen hingegen stoßen oft auf Vorurteile, die ihre Symptome als „Überreaktion" oder „Hormonproblem" abtun.

3. Persönliche Barrieren

3.1 Scham und Schuld
Scham ist eine der größten persönlichen Barrieren,
die Menschen davon abhält, über Depressionen zu
sprechen. Viele Betroffene fühlen sich schuldig, weil
sie glauben, sie müssten „glücklicher" oder
„dankbarer" sein. Diese inneren Vorwürfe
verstärken das Schweigen.

3.2 Angst vor Ablehnung
Die Angst, von Freunden, Familie oder Kollegen
zurückgewiesen zu werden, hält viele Menschen
davon ab, ihre Gefühle zu teilen. Sie befürchten,
dass andere sie meiden oder als Belastung
empfinden könnten.

3.3 Das Gefühl, unverstanden zu sein
Depressionen sind schwer zu beschreiben, und viele
Betroffene haben das Gefühl, dass niemand ihre
Erfahrungen wirklich nachvollziehen kann. Diese
Überzeugung verstärkt das Gefühl der Isolation und
macht es noch schwieriger, offen über die Krankheit
zu sprechen.

4. Kulturelle und gesellschaftliche Einflüsse

4.1 Kulturelle Tabus
In vielen Kulturen gelten psychische Erkrankungen als Tabuthema. Betroffene werden dazu gedrängt, ihre Symptome zu verbergen, um „das Gesicht zu wahren" oder ihre Familie nicht zu beschämen. Diese kulturellen Normen können es unmöglich machen, offen über Depressionen zu sprechen.

4.2 Der Einfluss sozialer Medien
Soziale Medien verstärken oft den Druck, ein „perfektes" Leben zu führen. Menschen präsentieren online oft nur die positiven Aspekte ihres Lebens, was bei Betroffenen den Eindruck erweckt, dass sie allein mit ihren Problemen sind. Dies verstärkt das Gefühl, dass sie nicht über ihre Depression sprechen können.

5. Fehlender Zugang zu Hilfe

5.1 Mangel an Informationen
Viele Menschen wissen nicht, wo sie Hilfe suchen können oder wie eine Depression behandelt wird. Dieser Mangel an Informationen trägt dazu bei, dass sie schweigen.

5.2 Finanzielle und logistische Barrieren

Selbst wenn Betroffene bereit sind, Hilfe zu suchen, stoßen sie oft auf Hindernisse wie hohe Kosten für Therapien, lange Wartezeiten oder das Fehlen geeigneter Angebote in ihrer Region. Diese Hürden verstärken das Gefühl, dass es keinen Sinn hat, über die Krankheit zu sprechen.

6. Wege, das Schweigen zu brechen

6.1 Bildung und Aufklärung

Eine bessere Aufklärung über Depressionen kann dazu beitragen, Missverständnisse zu beseitigen und das Stigma zu reduzieren.
Öffentlichkeitskampagnen, Schulprogramme und Medienberichte können ein Bewusstsein dafür schaffen, dass Depressionen eine behandelbare Krankheit sind.

6.2 Unterstützungssysteme

Ein unterstützendes Umfeld ist entscheidend, um Betroffenen zu helfen, offen über ihre Gefühle zu sprechen. Freunde, Familie und Kollegen können einen großen Unterschied machen, indem sie aktiv zuhören und Verständnis zeigen.

6.3 Förderung der psychischen Gesundheit

Gesellschaftliche Initiativen, die psychische Gesundheit fördern, können dazu beitragen, das Schweigen zu brechen. Dazu gehören Programme zur Stressbewältigung, Schulungen für Arbeitgeber und der Ausbau von Beratungsstellen.

Zusammenfassung: Ein notwendiger Wandel

Das Schweigen über Depressionen ist eines der größten Hindernisse für eine effektive Behandlung. Um dies zu ändern, müssen wir als Gesellschaft das Stigma abbauen, Missverständnisse beseitigen und Betroffenen die Unterstützung bieten, die sie benötigen. Es ist an der Zeit, das Schweigen zu brechen und psychische Gesundheit genauso ernst zu nehmen wie körperliche Gesundheit.

1.5 Warum dieses Buch?

Einleitung: Eine persönliche Reise aus der Dunkelheit

Dieses Buch ist nicht nur ein Werk der Forschung und Wissensvermittlung, sondern auch eine zutiefst persönliche Reise. Ich selbst habe erfahren, wie belastend und lähmend Depressionen sein können – für die Betroffenen genauso wie für ihr Umfeld. Die Krankheit hat mich in meinem Leben begleitet, und ich weiß, wie schwer es sein kann, darüber zu sprechen, Hilfe zu suchen oder Hoffnung zu finden. Doch nicht nur ich bin betroffen. Sehr nahestehende Menschen in meinem Leben haben ebenfalls mit Depressionen zu kämpfen. Ihre Geschichten, ihre Kämpfe und ihr Mut haben mich tief berührt und inspiriert, dieses Buch zu schreiben. Es ist das Ergebnis von vielen Gesprächen, gemeinsamen Reflexionen und dem Austausch von Erfahrungen und Erkenntnissen. Diese persönlichen Eindrücke wurden durch umfangreiche Recherchen und Interviews mit Experten ergänzt, um ein umfassendes und zugleich authentisches Bild von Depressionen zu zeichnen.

1. Persönliche Erfahrungen als Ausgangspunkt

1.1 Meine eigene Geschichte

Depressionen sind in meinem Leben keine abstrakte Theorie oder ein fernes Konzept. Sie sind ein Teil meiner Realität. Ich habe selbst erlebt, wie die Krankheit einem den Boden unter den Füßen wegziehen kann – wie sie das Leben in Grau taucht und alles, was früher Freude gemacht hat, bedeutungslos erscheinen lässt. Doch ich habe auch erfahren, wie wichtig es ist, sich Hilfe zu holen und wie heilend es sein kann, darüber zu sprechen.

1.2 Die Geschichten der Nahestehenden

In meinem engsten Umfeld habe ich Menschen begleitet, die mit Depressionen zu kämpfen hatten. Diese Erfahrungen haben mir gezeigt, wie unterschiedlich die Krankheit verlaufen kann und wie wichtig es ist, individuelle Wege der Unterstützung zu finden. Manche dieser Menschen waren offen und suchten Hilfe, während andere mit Scham und Schuldgefühlen kämpften und ihre Symptome versteckten. Ihre Geschichten sind in dieses Buch eingeflossen – als Mahnung, als Inspiration und als Quelle des Wissens.

1.3 Der Wert von Austausch und Reflexion

Die Idee für dieses Buch entstand aus dem Wunsch, die Erfahrungen und Erkenntnisse, die ich und die Menschen in meinem Leben gemacht haben, weiterzugeben. Die zahlreichen Gespräche, die ich mit Betroffenen, Angehörigen und Experten geführt habe, waren von unschätzbarem Wert. Sie haben mir geholfen, die verschiedenen Facetten von Depressionen zu verstehen – von den individuellen Kämpfen bis hin zu den systemischen Herausforderungen, die diese Krankheit mit sich bringt.

2. Was dieses Buch bietet

2.1 Authentizität durch persönliche Geschichten

Dieses Buch ist kein rein theoretisches Werk. Es enthält die Stimmen von Menschen, die die Realität von Depressionen aus erster Hand kennen – sei es als Betroffene oder als Unterstützende. Diese Geschichten sollen zeigen, dass jeder Weg aus der Depression einzigartig ist und dass es keine „einzig richtige" Lösung gibt.

2.2 Fundiertes Wissen

Neben den persönlichen Erfahrungen basiert dieses Buch auf umfangreichen Recherchen und wissenschaftlichen Erkenntnissen. Ich habe Informationen aus Studien, Fachliteratur und Experteninterviews zusammengetragen, um ein umfassendes Bild der Krankheit zu zeichnen. Mein Ziel war es, eine Brücke zwischen der persönlichen Ebene und der wissenschaftlichen Perspektive zu schaffen.

2.3 Praktische Werkzeuge

Aus den Erfahrungen, die ich selbst gemacht habe, und den Erkenntnissen, die ich durch Recherchen und Gespräche gewonnen habe, sind praktische Werkzeuge entstanden. Dieses Buch enthält Tipps und Übungen, die dabei helfen können, den Alltag mit Depressionen zu bewältigen und schrittweise wieder Hoffnung zu finden. Dazu gehören:

- Anleitungen zur Selbstreflexion,
- Strategien zur Stressbewältigung,
- Tipps zur Entwicklung gesunder Routinen und
- Hinweise zur Kommunikation mit Angehörigen.

3. Warum dieses Buch wichtig ist

3.1 Das Schweigen brechen

Depressionen sind nach wie vor mit einem großen Stigma behaftet. Viele Menschen fühlen sich allein mit ihrer Krankheit, weil sie glauben, dass niemand ihre Erfahrungen nachvollziehen kann. Dieses Buch möchte dazu beitragen, das Schweigen zu brechen und zu zeigen, dass Depressionen eine weit verbreitete und behandelbare Krankheit sind.

3.2 Hoffnung geben

Für Menschen, die mit Depressionen kämpfen, ist Hoffnung oft das erste, was verloren geht. Dieses Buch möchte Mut machen, indem es zeigt, dass es immer Wege aus der Dunkelheit gibt – auch wenn sie nicht sofort sichtbar sind. Es soll ein Licht sein, das den Weg weist.

3.3 Unterstützung für Angehörige

Angehörige von Menschen mit Depressionen stehen oft vor der Herausforderung, zu helfen, ohne selbst überfordert zu sein. Dieses Buch bietet ihnen Werkzeuge und Einblicke, um diese Balance zu finden und die Betroffenen bestmöglich zu unterstützen.

4. Die Ziele dieses Buches

4.1 Aufklärung und Entstigmatisierung
Ein Hauptziel dieses Buches ist es, Vorurteile und Missverständnisse über Depressionen abzubauen. Es möchte dazu beitragen, dass psychische Gesundheit genauso ernst genommen wird wie körperliche Erkrankungen.

4.2 Praktische Unterstützung

Dieses Buch soll nicht nur informieren, sondern auch konkrete Unterstützung bieten – sei es durch Tipps für den Alltag, Übungen zur Selbsthilfe oder Hinweise zur professionellen Behandlung.

4.3 Eine Stimme für Betroffene
Für viele Menschen mit Depressionen ist es schwer, ihre Erfahrungen in Worte zu fassen. Dieses Buch möchte eine Stimme für sie sein und ihre Perspektiven sichtbar machen.

5. Eine Einladung zur Veränderung

5.1 Gemeinsam gegen das Stigma

Dieses Buch ist eine Einladung an alle Leserinnen und Leser, sich dem Kampf gegen das Stigma, um Depressionen anzuschließen. Indem wir offen über die Krankheit sprechen, können wir dazu beitragen, eine Welt zu schaffen, in der psychische Gesundheit als integraler Bestandteil des Wohlbefindens anerkannt wird.

5.2 Die Kraft der Gemeinschaft

Die Geschichten und Erkenntnisse, die in dieses Buch eingeflossen sind, zeigen, wie wichtig Gemeinschaft und Unterstützung sind. Niemand sollte mit Depressionen allein kämpfen müssen. Dieses Buch ist ein Aufruf, sich gegenseitig zu stärken und zu unterstützen.

Zusammenfassung

Dieses Buch ist das Ergebnis persönlicher Erfahrungen, intensiver Recherchen und zahlreicher Gespräche mit Betroffenen und Experten. Es soll ein Begleiter sein – für alle, die mit Depressionen kämpfen, und für diejenigen, die sie auf ihrem Weg unterstützen möchten. Es ist ein Buch, das aus der Dunkelheit heraus entstanden ist, um Hoffnung, Verständnis und Licht zu bringen.

1.6 Ein Licht im Dunkeln

Einleitung: Hoffnung inmitten der Dunkelheit

Depressionen sind mehr als nur ein Gefühl der Traurigkeit oder eine Phase der Niedergeschlagenheit – sie sind eine tiefe Dunkelheit, die das Leben einnimmt, lähmt und die Welt grau erscheinen lässt. Doch auch in der dunkelsten Zeit gibt es Hoffnung. Ich spreche dies nicht nur aus theoretischer Perspektive, sondern auch aus persönlicher Erfahrung. Ich habe diesen Kampf selbst durchlebt. Ich weiß, wie sich die Dunkelheit anfühlt, wie sie alles verschlingt – und ich weiß, wie schwer es sein kann, den ersten Schritt hinaus ins Licht zu wagen.

Dieser Abschnitt ist eine Reflexion dessen, was ich auf meinem Weg gelernt habe, gepaart mit den Geschichten anderer Menschen, die es geschafft haben, die Dunkelheit zu durchbrechen. Es soll ein Leitfaden sein für alle, die sich noch in ihrem Kampf befinden, und ein Hoffnungsträger für diejenigen, die glauben, dass es keinen Ausweg gibt.

1. Mein persönlicher Kampf: Vom Überleben zum Leben

Ich war selbst lange Zeit in der Dunkelheit gefangen. Die Depression schien alles zu verschlingen – meine Freude, meine Ziele, sogar meine Identität. Es war, als ob ich in einem endlosen Loch steckte, ohne Licht, ohne Ausweg. Doch der schwierigste Schritt war nicht das Herauskommen aus der Dunkelheit – es war das Erkennen, dass ich Hilfe brauchte, dass ich es nicht allein schaffen konnte.
Es war ein langer und schmerzhafter Prozess. Es gab Rückschläge, Momente, in denen ich aufgeben wollte. Aber durch Therapie, die Unterstützung meiner Lieben und die Entdeckung von Routinen und Werkzeugen, die mir halfen, konnte ich mich Schritt für Schritt wieder aufbauen. Heute kann ich sagen, dass ich nicht nur überlebt habe, sondern dass ich wieder lebe – mit Freude, mit Hoffnung, mit einem neuen Verständnis für mich selbst und für das Leben.

---

2. Hoffnung als entscheidender Faktor

2.1 Warum Hoffnung so wichtig ist

Hoffnung ist kein leeres Konzept, sondern eine lebenswichtige Ressource. Während meiner dunkelsten Zeiten war es oft ein kleiner Funke Hoffnung, der mich am Leben hielt. Hoffnung bedeutet nicht, dass der Weg leicht sein wird – sie bedeutet, dass ein besseres Leben möglich ist. Sie gibt Kraft, weiterzugehen, selbst wenn alles aussichtslos erscheint.

Auch wissenschaftlich ist die Rolle von Hoffnung gut dokumentiert. Studien zeigen, dass Menschen, die Hoffnung empfinden, besser auf Therapien ansprechen, seltener Rückfälle erleben und insgesamt eine höhere Lebensqualität haben. Hoffnung ist ein Schlüssel zum Überleben und ein Motor für den Heilungsprozess.

3. Persönliche Geschichten von Heilung

3.1 Meine Erfahrungen mit Hoffnung

Ich erinnere mich an den Moment, als ich das erste Mal wieder Licht sah. Es war kein großer, triumphaler Moment, sondern etwas Kleines, fast Unbedeutendes. Ich hatte mich an einem Tag besonders erschöpft zur Therapie geschleppt und der Therapeut sagte einen Satz, der bei mir hängen blieb: „Du bist hier, und das zeigt, dass du nicht aufgegeben hast." Dieser Satz war der Funke, der mich daran erinnerte, dass ich noch kämpfte – und dass ich weitermachen konnte.

3.2 Geschichten, die inspirieren

Neben meiner eigenen Geschichte haben mich auch die Geschichten anderer inspiriert. Menschen, die ihre Kämpfe offen geteilt haben, haben mir gezeigt, dass ich nicht allein bin. Eine Freundin, die ebenfalls Depressionen überwunden hat, erzählte mir, wie sie sich durch kleine tägliche Erfolge wieder aufbauen konnte. Ihre Stärke motivierte mich, meine eigenen Schritte zu gehen, auch wenn sie anfangs klein und unsicher waren.

4. Werkzeuge und Strategien, um die Dunkelheit zu durchbrechen

4.1 Professionelle Hilfe

Einer der wichtigsten Schritte war für mich, professionelle Hilfe zu suchen. Therapie war nicht nur ein sicherer Raum, um meine Gefühle zu teilen, sondern auch eine Quelle für Werkzeuge, die mir halfen, mit meinen Gedanken und Emotionen umzugehen. Ich habe gelernt, meine Muster zu erkennen und neue Wege zu finden, mit Herausforderungen umzugehen.

4.2 Routinen und kleine Schritte

Während meiner Reise wurde mir klar, wie wichtig Routinen sind. Ich begann, meinen Tag in kleine, erreichbare Schritte zu unterteilen. Es war nicht einfach – an manchen Tagen war das Anziehen das Einzige, was ich schaffte. Doch mit der Zeit summierten sich diese kleinen Erfolge zu einem Gefühl von Stabilität und Kontrolle.

4.3 Unterstützung suchen

Ich habe gelernt, wie wichtig es ist, sich auf andere zu stützen. Familie, Freunde und sogar Selbsthilfegruppen waren entscheidend, um mich aus der Isolation zu holen. Ihre Unterstützung war nicht immer perfekt – manchmal wussten sie nicht, was sie sagen oder tun sollten –, aber allein ihre Anwesenheit half mir, mich weniger allein zu fühlen.

5. Wie ich das Licht fand

5.1 Akzeptanz

Ein entscheidender Wendepunkt war der Moment, in dem ich akzeptierte, dass ich an Depressionen litt. Akzeptanz bedeutete für mich, die Krankheit nicht als Versagen zu betrachten, sondern als Teil meines Lebens, mit dem ich arbeiten musste. Es war ein Prozess, der Zeit brauchte, aber er half mir, den Druck von mir zu nehmen und mich auf die Heilung zu konzentrieren.

5.2 Geduld

Depressionen zu überwinden, ist keine lineare Reise. Es gibt Höhen und Tiefen, Fortschritte und Rückschläge. Geduld mit mir selbst war eine der schwierigsten, aber wichtigsten Lektionen, die ich lernen musste. Ich erkannte, dass Heilung Zeit braucht und dass Rückschritte kein Zeichen von Versagen sind, sondern Teil des Prozesses.

5.3 Rückkehr der Freude

Eines der schönsten Dinge, die ich während meiner Heilungsreise erlebte, war die Rückkehr der Freude. Es waren keine großen, dramatischen Momente, sondern kleine Dinge: das Lachen eines Kindes, der Duft von frischem Regen, das Gefühl von Sonne auf meiner Haut. Diese Momente erinnerten mich daran, dass das Leben lebenswert ist – auch mit all seinen Herausforderungen.

---

6. Für andere ein Licht sein

Heute sehe ich es als meine Aufgabe, anderen zu helfen, die sich in der Dunkelheit befinden. Dieses Buch ist ein Teil dieses Ziels. Es ist meine Hoffnung, dass die Worte und Geschichten hier dazu beitragen können, andere zu ermutigen, ihren eigenen Weg ins Licht zu finden. Niemand sollte diesen Kampf allein führen müssen – und jeder verdient es, Hoffnung zu finden.

Zusammenfassung: Eine Reise zum Licht

Die Dunkelheit der Depression ist real und überwältigend, aber sie ist nicht das Ende. Durch Hoffnung, Unterstützung und die richtigen Werkzeuge ist es möglich, die Dunkelheit zu durchbrechen und ein erfülltes Leben zu führen. Dieses Kapitel ist ein Beweis dafür, dass Licht selbst in den tiefsten Schatten existiert – und dass jeder Mensch es finden kann.

Kapitel 2: Wege aus der Dunkelheit

2.1 Der erste Schritt: Hilfe suchen

Einleitung: Der Mut, den ersten Schritt zu gehen

Der erste Schritt aus der Dunkelheit der Depression ist oft der schwierigste: das Eingeständnis, dass man Hilfe braucht. Es erfordert Mut, sich der Krankheit zu stellen und Unterstützung zu suchen, sei es durch Freunde, Familie oder professionelle Hilfe. Doch dieser Schritt ist entscheidend – er markiert den Anfang des Weges zur Heilung.

1. Warum es so schwer ist, Hilfe zu suchen

Viele Menschen mit Depressionen zögern, Hilfe zu suchen. Das hat verschiedene Gründe:

- **Stigmatisierung:** Psychische Erkrankungen sind immer noch mit Vorurteilen behaftet. Viele Betroffene fürchten, als „schwach" oder „unfähig" wahrgenommen zu werden.
- **Selbstzweifel:** Depressionen führen oft zu einem Gefühl der Wertlosigkeit. Betroffene glauben, dass sie keine Hilfe verdienen oder dass ihre Probleme nicht „ernst genug" sind.
- **Unkenntnis:** Manche Menschen erkennen nicht, dass sie an einer Depression leiden, oder wissen nicht, an wen sie sich wenden können.

2. Erste Anzeichen erkennen

Das Erkennen der ersten Anzeichen einer Depression ist ein wichtiger Schritt. Symptome wie anhaltende Traurigkeit, Schlafstörungen, Interessenverlust oder körperliche Beschwerden, die über zwei Wochen andauern, sollten ernst genommen werden. Es ist wichtig, dass Betroffene ihre Symptome nicht ignorieren oder herunterspielen, sondern sie als Zeichen dafür sehen, dass sie Unterstützung benötigen.

3. An wen kann man sich wenden?

Es gibt verschiedene Möglichkeiten, Hilfe zu suchen:
- Hausarzt: Oft ist der Hausarzt die erste Anlaufstelle. Er kann eine erste Einschätzung vornehmen und Betroffene an Fachärzte oder Therapeuten überweisen.
- Psychologen und Psychotherapeuten: Diese Fachleute sind auf die Behandlung von Depressionen spezialisiert. Sie bieten Therapieformen wie kognitive Verhaltenstherapie oder tiefenpsychologisch fundierte Therapie an.
- Psychiater: Psychiater sind Ärzte, die auf psychische Erkrankungen spezialisiert sind und auch Medikamente verschreiben können.

- Beratungsstellen: Viele Organisationen bieten kostenlose Beratungen an, die den Einstieg in die Behandlung erleichtern.
- Freunde und Familie: Auch das Gespräch mit vertrauenswürdigen Menschen im Umfeld kann entlastend wirken und den Mut stärken, professionelle Hilfe zu suchen.

4. Wie überwindet man die Hemmschwelle?

Es ist normal, dass der Gedanke, Hilfe zu suchen, Angst oder Scham auslöst. Hier sind einige Tipps, um diese Hürde zu überwinden:

- Kleine Schritte gehen: Der erste Schritt könnte ein Gespräch mit einem Freund oder das Schreiben einer E-Mail an eine Beratungsstelle sein.
- Sich vorbereiten: Notieren Sie sich Ihre Symptome und Fragen, bevor Sie einen Termin vereinbaren.
- Sich Unterstützung holen: Bitten Sie eine vertraute Person, Sie zu einem Arzt- oder Therapiebesuch zu begleiten.
- Den ersten Kontakt anonym suchen: Hotlines oder Online-Beratungen bieten die Möglichkeit, anonym über Ihre Gefühle zu sprechen.

5. Was passiert, wenn man Hilfe sucht?

Viele Menschen haben Angst vor dem, was auf sie zukommt, wenn sie professionelle Hilfe in Anspruch nehmen. Diese Angst ist verständlich, aber unbegründet. Der erste Termin dient meist dazu, die Symptome zu besprechen und eine Diagnose zu stellen. Es gibt keine „richtigen" oder „falschen" Antworten – es geht darum, ein Verständnis für die Situation des Betroffenen zu gewinnen und gemeinsam einen Plan für die Behandlung zu entwickeln.

6. Der Wert des ersten Schrittes

Der erste Schritt ist oft der schwerste, aber er ist auch der wichtigste. Er zeigt, dass Sie bereit sind, sich Ihrer Krankheit zu stellen und Hilfe anzunehmen. Dies ist ein Akt des Mutes, der den Weg zur Heilung ebnet.

Zusammenfassung

Hilfe zu suchen ist keine Schwäche, sondern ein Zeichen von Stärke. Es ist der erste Schritt auf dem Weg aus der Dunkelheit, und es gibt viele Wege, diesen Schritt zu gehen. Ob durch professionelle Hilfe, Freunde oder Beratungsstellen – der Mut, den ersten Schritt zu machen, kann den entscheidenden Unterschied ausmachen.

2.1 Der erste Schritt: Hilfe suchen

Einleitung: Der schwierigste Schritt

Den ersten Schritt zu gehen, ist oft der schwerste. Für Menschen mit Depressionen bedeutet dies, zu erkennen, dass sie Unterstützung brauchen, und den Mut aufzubringen, Hilfe zu suchen. Es ist ein Moment voller Unsicherheit und Angst, aber auch ein Wendepunkt, der den Weg zur Heilung ebnen kann. Ich spreche aus eigener Erfahrung, wenn ich sage, dass dieser Schritt ungeheuer schwierig ist, aber dass er alles verändert. Dieses Kapitel beleuchtet die Bedeutung des ersten Schrittes, die Herausforderungen, die damit verbunden sind, und wie man sie überwinden kann.

1. Warum ist es so schwer, Hilfe zu suchen?

Der erste Schritt erfordert eine Auseinandersetzung mit der eigenen Verletzlichkeit, und genau das macht ihn so schwierig. Es gibt mehrere Barrieren, die Menschen davon abhalten, Hilfe zu suchen:

1.1 Stigmatisierung

Psychische Erkrankungen sind nach wie vor stigmatisiert. Viele Menschen fürchten, als „schwach" oder „unfähig" abgestempelt zu werden, wenn sie über ihre Depression sprechen. Diese Angst kann dazu führen, dass Betroffene ihre Symptome verbergen und versuchen, alleine damit zurechtzukommen.

1.2 Scham und Schuld

Depressionen gehen oft mit einem Gefühl der Scham einher. Betroffene schämen sich dafür, dass sie „nicht funktionierten" oder glauben, dass sie ihre Krankheit „selbst verschuldet" haben. Dieses Schuldgefühl kann überwältigend sein und das Gefühl verstärken, dass sie keine Hilfe verdienen.

1.3 Selbstzweifel

Ein weiteres Hindernis ist der innere Kritiker. Viele Betroffene denken: „Meine Probleme sind nicht schlimm genug" oder „Niemand kann mir wirklich helfen." Diese Selbstzweifel hindern sie daran, den ersten Schritt zu machen.

---

2. Die Bedeutung des ersten Schritts

Hilfe zu suchen, ist kein Zeichen von Schwäche – es ist ein Zeichen von Stärke. Es bedeutet, die Krankheit ernst zu nehmen und sich selbst die Unterstützung zu gönnen, die man braucht. Dieser erste Schritt kann in vielerlei Hinsicht ein Wendepunkt sein:

2.1 Anerkennung der Krankheit

Der erste Schritt erfordert, dass man sich selbst eingesteht, dass man an einer Depression leidet. Diese Anerkennung ist der erste und wichtigste Schritt zur Heilung, da sie es ermöglicht, die Krankheit zu benennen und gezielt anzugehen.

2.2 Öffnung für Unterstützung

Sich anderen zu öffnen, sei es einem Arzt, einem Therapeuten oder einem engen Freund, kann entlastend wirken. Es bricht das Schweigen und schafft Raum für Unterstützung und Verständnis.

2.3 Aufbau von Hoffnung

Hilfe zu suchen, ist ein Akt der Hoffnung. Es zeigt, dass man bereit ist, an sich selbst zu glauben und an die Möglichkeit einer besseren Zukunft.

3. Wie erkennt man, dass man Hilfe braucht?

Viele Menschen mit Depressionen kämpfen lange allein, bevor sie Hilfe suchen. Doch es gibt Anzeichen, die darauf hinweisen, dass professionelle Unterstützung notwendig ist:

3.1 Anhaltende Symptome

Wenn Symptome wie Traurigkeit, Antriebslosigkeit, Schlafprobleme oder Konzentrationsschwierigkeiten über Wochen oder Monate bestehen, ist es wichtig, diese ernst zu nehmen.

3.2 Beeinträchtigung des Alltags

Wenn die Symptome beginnen, das tägliche Leben zu beeinflussen – sei es durch Schwierigkeiten bei der Arbeit, Probleme in Beziehungen oder den Verlust von Freude an Aktivitäten –, ist es Zeit, Hilfe zu suchen.

3.3 Gedanken an Selbstverletzung oder Suizid

Gedanken an Selbstverletzung oder Suizid sind ein ernstes Warnsignal. In solchen Fällen ist es entscheidend, sofort professionelle Hilfe in Anspruch zu nehmen.

4. Wo kann man Hilfe finden?

Der Weg zur Unterstützung beginnt oft mit der Frage: „Wohin wende ich mich?" Hier sind einige der häufigsten Anlaufstellen:

4.1 Hausarzt

Der Hausarzt ist für viele Menschen die erste Anlaufstelle. Er kann eine erste Einschätzung vornehmen, Diagnosen stellen und an Spezialisten wie Psychologen oder Psychiater überweisen.

4.2 Psychologen und Psychotherapeuten

Psychologen und Psychotherapeuten sind auf die Behandlung von Depressionen spezialisiert. Sie bieten Therapien wie kognitive Verhaltenstherapie oder tiefenpsychologisch fundierte Therapie an.

4.3 Beratungsstellen

Viele Organisationen und Einrichtungen bieten kostenlose Beratungsgespräche an. Diese können eine gute Möglichkeit sein, erste Unterstützung zu erhalten und sich über weitere Schritte zu informieren.

4.4 Freunde und Familie

Auch das Gespräch mit vertrauten Personen kann entlastend wirken. Sie können nicht nur emotionale Unterstützung bieten, sondern auch helfen, den Mut aufzubringen, professionelle Hilfe zu suchen.

5. Die Überwindung von Hindernissen

Hilfe zu suchen, erfordert Überwindung. Hier sind einige Tipps, wie man die Hürden überwinden kann:

5.1 Sich vorbereiten

Notieren Sie Ihre Symptome, Gedanken und Gefühle, bevor Sie Hilfe suchen. Diese Vorbereitung kann helfen, das Gespräch strukturierter zu führen.

5.2 Unterstützung holen

Bitten Sie eine vertraute Person, Sie zu begleiten. Die Anwesenheit eines Freundes oder Familienmitglieds kann beruhigend wirken.

5.3 Anonymität nutzen

Wenn der direkte Kontakt schwerfällt, können anonyme Angebote wie Hotlines oder Online-Beratungen ein erster Schritt sein.

---

6. Was passiert, wenn man Hilfe sucht?

Viele Menschen fürchten, was passieren wird, wenn sie den Schritt zur professionellen Hilfe machen. Doch diese Furcht ist oft unbegründet. Beim ersten Kontakt geht es meist darum, die Symptome zu besprechen und gemeinsam einen Plan für die Behandlung zu entwickeln. Es gibt keine „richtigen" oder „falschen" Antworten – das Ziel ist, ein besseres Verständnis für die Situation zu bekommen.

---

7. Mein persönlicher erster Schritt

Ich erinnere mich noch genau an den Tag, an dem ich Hilfe suchte. Es war einer der schwersten Tage meines Lebens. Ich hatte das Gefühl, versagt zu haben, weil ich es nicht allein schaffte. Doch dieser Schritt war der Beginn meiner Heilung. Der Therapeut hörte mir zu, ohne zu urteilen, und half mir, meine Gedanken zu ordnen. Es war nicht leicht, aber es war der Moment, in dem ich wieder Hoffnung schöpfte.

Zusammenfassung

Der erste Schritt ist oft der schwerste, aber er ist auch der wichtigste. Hilfe zu suchen, erfordert Mut, aber es ist ein Akt der Stärke und der Hoffnung. Ob durch den Hausarzt, einen Therapeuten oder Freunde – der Weg zur Heilung beginnt mit der Entscheidung, sich Unterstützung zu holen. Niemand sollte diesen Schritt allein gehen müssen, und es gibt immer einen Weg, die Dunkelheit zu durchbrechen.

2.2 Therapieformen

Einleitung: Viele Wege zur Heilung

Depressionen können das Leben auf vielen Ebenen beeinträchtigen – emotional, körperlich, sozial und kognitiv. Umso wichtiger ist es, dass die Behandlung individuell auf die Bedürfnisse und die Ursachen der Erkrankung abgestimmt wird. Therapie ist dabei eine zentrale Säule der Heilung. Es gibt verschiedene Ansätze, die auf unterschiedliche Aspekte der Depression abzielen. Dieses Kapitel gibt einen Überblick über die wichtigsten Therapieformen, ihre Wirkungsweise und ihre Vor- und Nachteile.

1. Psychotherapie: Das Gespräch als Heilmittel

Psychotherapie ist eine der wirksamsten Methoden zur Behandlung von Depressionen. Sie bietet einen sicheren Raum, um Gefühle, Gedanken und Verhaltensweisen zu erkunden und neue Strategien zur Bewältigung der Krankheit zu entwickeln.

1.1 Kognitive Verhaltenstherapie (CBT)
Die kognitive Verhaltenstherapie gehört zu den am häufigsten angewandten Therapieformen bei Depressionen. Sie konzentriert sich darauf, negative Gedankenmuster zu erkennen und zu verändern.

- Wirkungsweise: CBT hilft, die Verbindung zwischen Gedanken, Gefühlen und Verhalten zu verstehen. Depressive Menschen neigen oft zu automatischen negativen Gedanken wie „Ich bin nichts wert". Diese Gedanken werden in der Therapie hinterfragt und durch konstruktivere ersetzt.
- Praktische Übungen: Zu den Techniken gehören Gedankenprotokolle, Verhaltensaktivierung (z. B. positive Aktivitäten planen) und Achtsamkeitsübungen.
- Vorteile: Studien zeigen, dass CBT sehr effektiv ist, insbesondere bei leichten bis mittelschweren Depressionen. Sie bietet praktische Werkzeuge, die Betroffene auch nach der Therapie anwenden können.
-

1.2 Tiefenpsychologisch fundierte Therapie

Diese Therapieform basiert auf der Annahme, dass unbewusste Konflikte und Erfahrungen aus der Vergangenheit eine zentrale Rolle bei der Entstehung von Depressionen spielen.

- Wirkungsweise: Der Therapeut hilft dem Patienten, unbewusste Muster zu erkennen, die zu negativen Gefühlen und Verhaltensweisen führen. Dies kann z. B. ungelöste Konflikte aus der Kindheit betreffen.

- Vorteile: Die tiefenpsychologisch fundierte Therapie eignet sich besonders für Menschen, deren Depressionen mit langanhaltenden Konflikten oder Traumata zusammenhängen. Sie ermöglicht tiefgreifende Einsichten und Veränderungen.
-

1.3 Interpersonelle Therapie (IPT)

Die interpersonelle Therapie fokussiert sich auf zwischenmenschliche Beziehungen und deren Einfluss auf die Depression.

- Wirkungsweise: IPT hilft, Konflikte in Beziehungen zu klären, soziale Isolation zu überwinden und Kommunikation zu verbessern.
- Vorteile: Diese Therapieform ist besonders hilfreich für Menschen, deren Depression durch Beziehungsprobleme oder den Verlust nahestehender Personen ausgelöst wurde.

2. Medikamentöse Therapie: Unterstützung durch Chemie

Antidepressiva sind oft ein zentraler Bestandteil der Behandlung von Depressionen, insbesondere bei mittelschweren bis schweren Fällen. Sie helfen, das chemische Ungleichgewicht im Gehirn auszugleichen.

2.1 Wie wirken Antidepressiva?

Antidepressiva beeinflussen die Neurotransmitter im Gehirn, insbesondere Serotonin, Noradrenalin und Dopamin. Diese Botenstoffe spielen eine zentrale Rolle bei der Regulierung von Stimmung, Schlaf und Energie.

2.2 Arten von Antidepressiva

Es gibt verschiedene Klassen von Antidepressiva, die je nach Symptomatik und Verträglichkeit verschrieben werden:

- Selektive Serotonin-Wiederaufnahmehemmer (SSRIs): Diese Medikamente erhöhen den Serotoninspiegel im Gehirn. Beispiele: Fluoxetin, Sertralin.
- Serotonin-Noradrenalin-Wiederaufnahmehemmer (SNRIs): Sie erhöhen sowohl den Serotonin- als auch den Noradrenalin Spiegel. Beispiele: Venlafaxin, Duloxetin.
- Trizyklische Antidepressiva (TCAs): Ältere Medikamente, die bei schwerer Depression eingesetzt werden. Sie haben jedoch mehr Nebenwirkungen.
- Monoaminooxidase-Hemmer (MAOIs): Selten eingesetzt, aber wirksam bei atypischen Depressionen.

2.3 Vor- und Nachteile von Antidepressiva

- Vorteile: Antidepressiva können depressive Symptome lindern, insbesondere in Kombination mit Psychotherapie. Sie sind besonders hilfreich bei schwerer Depression.
- Nachteile: Nebenwirkungen wie Übelkeit, Gewichtszunahme oder Libidoverlust können auftreten. Zudem benötigen sie oft mehrere Wochen, bis sie ihre volle Wirkung entfalten.

3. Kombination von Psychotherapie und Medikamenten

Die Kombination von Psychotherapie und medikamentöser Behandlung gilt als besonders effektiv, da sie sowohl die Symptome als auch die zugrunde liegenden Ursachen der Depression anspricht. Während Medikamente kurzfristig Linderung verschaffen, bietet die Therapie langfristige Strategien zur Bewältigung.

---

4. Alternative und ergänzende Therapien

Neben den klassischen Therapieformen gibt es auch alternative Ansätze, die bei Depressionen hilfreich sein können.

4.1 Lichttherapie

Die Lichttherapie wird vor allem bei saisonal bedingten Depressionen (SAD) eingesetzt. Sie besteht darin, sich täglich für eine bestimmte Zeit einer speziellen Lichtquelle auszusetzen, die das Sonnenlicht imitiert.

- Wirkungsweise: Licht beeinflusst die Produktion von Melatonin und Serotonin, was sich positiv auf die Stimmung auswirken kann.
- Vorteile: Die Lichttherapie ist einfach anzuwenden und hat wenige Nebenwirkungen.

4.2 Bewegungstherapie

Regelmäßige körperliche Aktivität hat nachweislich positive Auswirkungen auf die psychische Gesundheit. Bewegung fördert die Ausschüttung von Endorphinen und verbessert die Schlafqualität.

- Empfohlene Aktivitäten: Yoga, Wandern, Schwimmen oder einfaches Spazierengehen können die Symptome einer Depression lindern.

4.3 Achtsamkeitsbasierte Therapien

Achtsamkeitsbasierte Ansätze, wie die Achtsamkeitsbasierte Kognitive Therapie (MBCT), kombinieren Meditation und kognitive Verhaltenstherapie, um negative Gedankenmuster zu durchbrechen.

- Vorteile: Diese Techniken fördern das Bewusstsein für den gegenwärtigen Moment und helfen, Stress abzubauen.

4.4 Kunst- und Musiktherapie

Kreative Ausdrucksformen können dabei helfen, Emotionen zu verarbeiten und neue Perspektiven zu gewinnen. Kunst- und Musiktherapie eignen sich besonders für Menschen, die Schwierigkeiten haben, ihre Gefühle verbal auszudrücken.

5. Gruppentherapie: Gemeinsam stark

In der Gruppentherapie treffen sich Menschen mit ähnlichen Erfahrungen, um ihre Geschichten zu teilen und voneinander zu lernen. Sie bietet eine wertvolle Ergänzung zur Einzeltherapie.

- Vorteile: Gruppentherapie kann Isolation reduzieren, Selbstwertgefühl stärken und ein Gefühl der Gemeinschaft schaffen.

6. Individuelle Wahl der Therapie

Nicht jede Therapieform ist für jeden Menschen geeignet. Die Wahl der richtigen Behandlung hängt von vielen Faktoren ab, darunter:
- Die Schwere der Depression,
- Persönliche Vorlieben,
- Frühere Erfahrungen mit Therapie oder Medikamenten.

Ein erfahrener Therapeut oder Psychiater kann dabei helfen, die passende Behandlung zu finden.

Zusammenfassung

Therapie ist ein kraftvolles Werkzeug auf dem Weg aus der Depression. Ob Psychotherapie, medikamentöse Behandlung oder alternative Ansätze – jede Methode hat ihren Platz und ihre Stärken. Die richtige Therapie kann den Unterschied machen, indem sie nicht nur Symptome lindert, sondern auch die zugrunde liegenden Ursachen angeht und den Betroffenen hilft, langfristig ein erfülltes Leben zu führen.

2.3 Der Einsatz von Medikamenten

Einleitung: Medikamente als Teil der Lösung

Depressionen sind eine komplexe Erkrankung, die oft eine Kombination aus biologischen, psychologischen und sozialen Ursachen hat. Während Psychotherapie die zugrunde liegenden Muster und Probleme behandelt, können Medikamente helfen, die Symptome zu lindern, insbesondere bei mittelschweren bis schweren Depressionen. Dieser Abschnitt beleuchtet die Rolle von Antidepressiva, ihre Wirkung, Vor- und Nachteile sowie den Entscheidungsprozess, ob und wann sie eingesetzt werden sollten.

1. Warum Medikamente?

1.1 Chemisches Ungleichgewicht im Gehirn

Depressionen gehen häufig mit einem Ungleichgewicht von Neurotransmittern wie Serotonin, Dopamin und Noradrenalin einher. Diese Botenstoffe regulieren unsere Stimmung, Energie und Schlaf. Medikamente wie Antidepressiva zielen darauf ab, dieses Gleichgewicht wiederherzustellen.

1.2 Unterstützung bei schweren Fällen
In Fällen von schwerer Depression, bei der Symptome wie völlige Antriebslosigkeit, Schlaflosigkeit oder Suizidgedanken dominieren, können Medikamente oft schneller Erleichterung verschaffen als Psychotherapie allein. Sie können auch Menschen helfen, die zu schwer belastet sind, um aktiv an einer Therapie teilzunehmen.

---

2. Arten von Antidepressiva

Es gibt verschiedene Klassen von Antidepressiva, die je nach Symptomatik und Verträglichkeit eingesetzt werden.

2.1 Selektive Serotonin-Wiederaufnahmehemmer (SSRIs)
SSRIs gehören zu den am häufigsten verschriebenen Antidepressiva. Sie erhöhen die Verfügbarkeit von Serotonin im Gehirn, das oft als „Glückshormon" bezeichnet wird.

- Beispiele: Fluoxetin (Prozac), Sertralin (Zoloft), Citalopram (Celexa).
- Vorteile: SSRIs haben im Vergleich zu älteren Antidepressiva weniger Nebenwirkungen und sind gut verträglich.
- Nebenwirkungen: Übelkeit, Kopfschmerzen, Schlafstörungen oder verminderte Libido.
-

2.2 Serotonin-Noradrenalin-Wiederaufnahmehemmer (SNRIs)

SNRIs wirken sowohl auf Serotonin als auch auf Noradrenalin, was sie besonders bei Depressionen mit Angst- oder chronischen Schmerzsymptomen wirksam macht.

- Beispiele: Venlafaxin (Effexor), Duloxetin (Cymbalta).
- Vorteile: Wirksam bei Depressionen und komorbiden Störungen wie Fibromyalgie.
- Nebenwirkungen: Schweißausbrüche, erhöhter Blutdruck.

2.3 Trizyklische Antidepressiva (TCAs)

TCAs sind ältere Medikamente, die bei schweren Depressionen eingesetzt werden.

- Beispiele: Amitriptylin, Nortriptylin.
- Vorteile: Sehr wirksam bei schweren Depressionen.
- Nachteile: Höheres Risiko für Nebenwirkungen wie Mundtrockenheit, Gewichtszunahme und Schläfrigkeit.

2.4 Monoaminooxidase-Hemmer (MAOIs)

MAOIs werden selten verschrieben, sind aber wirksam bei atypischen Depressionen.

- Beispiele: Phenelzin, Tranylcypromin.
- Vorteile: Wirksam bei Depressionen, die auf andere Medikamente nicht ansprechen.
- Nachteile: Strikte Diät erforderlich, um gefährliche Wechselwirkungen mit bestimmten Lebensmitteln zu vermeiden.

2.5 Atypische Antidepressiva

Zu dieser Kategorie gehören Medikamente wie Bupropion (Wellbutrin), das auf Dopamin wirkt, oder Mirtazapin, das beruhigende Eigenschaften hat.

- Vorteile: Alternative Optionen für Patienten, die auf andere Klassen nicht ansprechen.
- Nebenwirkungen: Je nach Medikament unterschiedlich.

3. Vor- und Nachteile von Antidepressiva

3.1 Vorteile

- Symptomlinderung: Antidepressiva können depressive Symptome deutlich reduzieren, insbesondere bei schwerer Depression.
- Verbesserte Lebensqualität: Viele Patienten berichten von gesteigerter Energie, besserem Schlaf und mehr Klarheit im Denken.
- Therapiefähigkeit: Medikamente können es Patienten erleichtern, aktiv an einer Psychotherapie teilzunehmen.

3.2 Nachteile

- Nebenwirkungen: Wie alle Medikamente können Antidepressiva Nebenwirkungen haben. Manche klingen nach einigen Wochen ab, andere können länger anhalten.
- Individuelle Unterschiede: Nicht jedes Medikament wirkt bei jedem Patienten gleich. Es kann Zeit und Geduld erfordern, das richtige Präparat zu finden.

- Abhängigkeit oder Absetzprobleme: Obwohl Antidepressiva nicht süchtig machen, können Absetzsymptome wie Schwindel oder Reizbarkeit auftreten, wenn sie abrupt abgesetzt werden.

---

4. Wie lange sollte man Antidepressiva einnehmen?

Die Dauer der Einnahme hängt von der individuellen Situation ab:

- Erste Episode: Patienten sollten Antidepressiva mindestens 6 bis 12 Monate nach der vollständigen Besserung der Symptome einnehmen, um einen Rückfall zu verhindern.
- Rezidivierende Depression: Bei mehrfachen Rückfällen kann eine langfristige Einnahme sinnvoll sein.
- Absetzen: Das Absetzen sollte immer unter ärztlicher Aufsicht erfolgen, um Absetzsymptome zu vermeiden.

---

5. Mythen und Fakten über Antidepressiva

5.1 Mythos: „Antidepressiva machen abhängig"
Fakt: Antidepressiva machen nicht abhängig, können jedoch Absetzsymptome verursachen, wenn sie abrupt abgesetzt werden.

5.2 Mythos: „Antidepressiva ändern die Persönlichkeit"

Fakt: Antidepressiva wirken auf depressive Symptome, beeinflussen aber nicht die Persönlichkeit eines Menschen.

5.3 Mythos: „Antidepressiva sind eine einfache Lösung"

Fakt: Medikamente lindern Symptome, sind aber kein Ersatz für die Bearbeitung der zugrunde liegenden Ursachen durch Therapie.

6. Mein persönlicher Umgang mit Antidepressiva

In meiner eigenen Erfahrung waren Antidepressiva eine wichtige Unterstützung. Nach dem Beginn der Einnahme fühlte ich, wie sich ein Schleier aus meinem Kopf hob. Es war nicht die „Wunderlösung", die alles löste, aber es gab mir die Energie und Klarheit, die ich brauchte, um aktiv an meiner Therapie zu arbeiten und meinen Alltag wieder in den Griff zu bekommen. Der Entscheidungsprozess war nicht leicht, aber in Rücksprache mit meinem Arzt war es die richtige Wahl.

7. Der Entscheidungsprozess

Ob Antidepressiva die richtige Wahl sind, sollte immer individuell abgewogen werden. Ärzte und Patienten müssen gemeinsam entscheiden, basierend auf der Schwere der Depression, früheren Erfahrungen und den persönlichen Vorlieben des Patienten. Es ist wichtig, dass Patienten über die Vor- und Nachteile informiert werden und realistische Erwartungen an die Wirkung der Medikamente haben.

Zusammenfassung

Antidepressiva sind ein wertvolles Werkzeug in der Behandlung von Depressionen. Sie können Symptome lindern und den Weg für eine erfolgreiche Therapie ebnen. Gleichzeitig erfordern sie Geduld, Offenheit und eine enge Zusammenarbeit mit dem behandelnden Arzt, um die beste Lösung für den individuellen Fall zu finden. Letztendlich sind sie ein Teil eines umfassenden Behandlungsplans, der den Weg aus der Dunkelheit erleichtern kann.

2.4 Selbsthilfe: Was Sie selbst tun können

Einleitung: Die Kraft der Eigeninitiative

Selbsthilfe ist ein zentraler Bestandteil des Heilungsprozesses bei Depressionen. Während Therapie und Medikamente wichtige Unterstützung bieten, können persönliche Strategien und Routinen die Genesung erheblich fördern. Selbsthilfe bedeutet, Verantwortung für das eigene Wohlbefinden zu übernehmen und aktiv Schritte zu unternehmen, um die eigene Lebensqualität zu verbessern. In diesem Kapitel werden umfassende Ansätze und konkrete Tipps vorgestellt, die Betroffenen helfen können, ihre Depression zu bewältigen.

1. Die Bedeutung von Selbsthilfe

1.1 Warum Selbsthilfe so wichtig ist

Selbsthilfe gibt Betroffenen ein Gefühl von Kontrolle zurück, das durch die Depression oft verloren gegangen ist. Sie stärkt das Selbstvertrauen und zeigt, dass es möglich ist, aktiv zur eigenen Heilung beizutragen. Selbst kleine Schritte können einen großen Unterschied machen.

1.2 Grenzen der Selbsthilfe

Es ist wichtig zu betonen, dass Selbsthilfe professionelle Hilfe nicht ersetzt. Sie ist eine Ergänzung und sollte insbesondere bei schweren Depressionen immer in Kombination mit Therapie oder medikamentöser Behandlung erfolgen.

---

2. Selbsthilfe im Alltag: Kleine Schritte mit großer Wirkung

2.1 Routinen aufbauen

Struktur und Routine sind essenziell, um die Orientierung im Alltag zurückzugewinnen. Depressionen führen oft zu Antriebslosigkeit und einem Gefühl von Chaos. Ein geregelter Tagesablauf kann helfen, Stabilität zu schaffen.

- **Morgens aufstehen:** Ein fester Zeitpunkt zum Aufstehen kann helfen, den Tag zu beginnen, auch wenn es schwerfällt.
- **Kleine Aufgaben planen:** Selbst einfache Tätigkeiten wie Zähneputzen oder das Trinken eines Glases Wasser können das Gefühl von Erfolg vermitteln.
- **Pausen einplanen:** Überforderung sollte vermieden werden. Pausen sind ein wichtiger Bestandteil des Tages.

2.2 Bewegung und Aktivität

Regelmäßige körperliche Aktivität hat nachweislich positive Auswirkungen auf die psychische Gesundheit. Bewegung fördert die Ausschüttung von Endorphinen, verbessert die Schlafqualität und steigert das Energieniveau.

- Spazierengehen: Bereits 20 Minuten an der frischen Luft können die Stimmung heben.
- Sportarten finden: Yoga, Schwimmen oder Tanzen können nicht nur körperlich, sondern auch emotional belebend wirken.
- Realistische Ziele setzen: Es ist wichtig, klein anzufangen und sich nicht zu überfordern.

2.3 Ernährung und Schlaf

Eine ausgewogene Ernährung und ausreichend Schlaf sind entscheidend für das Wohlbefinden.

- Ernährung: Eine gesunde, abwechslungsreiche Ernährung mit frischem Obst, Gemüse, Vollkornprodukten und Proteinen kann die Stimmung positiv beeinflussen. Zucker und stark verarbeitete Lebensmittel sollten reduziert werden.
- Schlaf: Ein regelmäßiger Schlafrhythmus hilft, den Körper zu regenerieren. Schlafhygiene-Tipps, wie das Vermeiden von Bildschirmen vor dem Schlafengehen, können hilfreich sein.

3. Psychologische Selbsthilfe: Den Geist stärken

3.1 Achtsamkeit und Meditation

Achtsamkeit bedeutet, im Hier und Jetzt zu sein und die Gedanken nicht in die Vergangenheit oder Zukunft abschweifen zu lassen. Techniken wie Meditation oder Atemübungen können helfen, den Geist zu beruhigen.

- Atemübungen: Fünf Minuten tiefes Ein- und Ausatmen können Stress reduzieren.
- Geführte Meditationen: Apps oder Videos bieten Anleitungen für Anfänger.
- Achtsamkeitsübungen im Alltag: Zum Beispiel bewusstes Gehen oder achtsames Essen.

3.2 Selbstmitgefühl entwickeln

Viele Menschen mit Depressionen sind extrem selbstkritisch. Selbstmitgefühl bedeutet, sich selbst mit der gleichen Freundlichkeit und Geduld zu begegnen, die man einem guten Freund entgegenbringen würde.

- Negative Gedanken hinterfragen: Statt „Ich bin ein Versager" zu denken, könnte man sagen: „Ich gebe mein Bestes, und das reicht aus."
- Erfolge anerkennen: Auch kleine Schritte sollten gefeiert werden.

3.3 Kreativer Ausdruck

Kreative Aktivitäten wie Malen, Schreiben oder Musik können helfen, Emotionen zu verarbeiten und Freude zu empfinden.

- Tagebuch führen: Gedanken und Gefühle aufzuschreiben, kann klärend wirken.

- Kunst: Zeichnen oder Malen bietet eine Möglichkeit, Emotionen ohne Worte auszudrücken.
- Musik: Das Hören oder Spielen von Musik kann beruhigend und inspirierend sein.

4. Soziale Selbsthilfe: Verbindung aufbauen

4.1 Beziehungen pflegen

Depressionen führen oft zu sozialem Rückzug, aber soziale Kontakte sind entscheidend für die Heilung. Ein Gespräch mit einem Freund oder ein gemeinsamer Spaziergang können das Gefühl der Isolation verringern.

4.2 Unterstützung suchen

Es ist keine Schwäche, um Hilfe zu bitten. Familie, Freunde oder Selbsthilfegruppen können wichtige Stützen sein.

- Selbsthilfegruppen: Der Austausch mit Menschen, die ähnliche Erfahrungen gemacht haben, kann äußerst hilfreich sein.
- Freiwilligenarbeit: Anderen zu helfen, kann das Selbstwertgefühl stärken und das Gefühl von Sinn und Zugehörigkeit fördern.

5. Praktische Werkzeuge für die Selbsthilfe

5.1 Tagebuchführung

Ein Tagebuch kann dabei helfen, Gedanken zu ordnen, Fortschritte festzuhalten und Emotionen auszudrücken.

- Dankbarkeitstagebuch: Jeden Tag drei Dinge aufzuschreiben, für die man dankbar ist, kann die Stimmung langfristig verbessern.
- Zielsetzung: Kleine, erreichbare Ziele für den Tag oder die Woche festhalten.

5.2 Entspannungstechniken
Techniken wie progressive Muskelentspannung oder autogenes Training können Stress abbauen und das Wohlbefinden steigern.
- Progressive Muskelentspannung: Durch das Anspannen und Entspannen einzelner Muskelgruppen wird der Körper gezielt entspannt.
- Visualisierung: Sich angenehme Szenarien vorzustellen, kann beruhigend wirken.

6. Mein persönlicher Weg der Selbsthilfe

Ich erinnere mich an die Tage, an denen selbst einfache Aufgaben wie das Aufstehen unmöglich schienen. Doch ich begann, kleine Schritte zu machen: ein Tagebuch führen, regelmäßig spazieren gehen und Achtsamkeitsübungen ausprobieren. Es war keine magische Lösung, aber diese Routinen halfen mir, langsam wieder Kontrolle über mein Leben zu gewinnen. Selbsthilfe ist ein Prozess, der Geduld erfordert, aber sie hat mir gezeigt, dass ich selbst aktiv etwas für mein Wohlbefinden tun kann.

Zusammenfassung

Selbsthilfe ist ein wesentlicher Bestandteil der Heilung von Depressionen. Sie erfordert Engagement und Geduld, kann aber eine transformative Kraft im Leben eines Menschen sein. Durch kleine Schritte, Routinen und positive Veränderungen im Alltag können Betroffene lernen, ihre Depression aktiv zu bewältigen und ihre Lebensqualität zu verbessern. Niemand muss diesen Weg allein gehen, aber jeder kann die Kraft der Selbsthilfe nutzen, um den ersten Schritt in Richtung Heilung zu machen.

2.5 Unterstützung durch das Umfeld

Einleitung: Gemeinsam gegen die Dunkelheit

Depressionen betreffen nicht nur die Betroffenen selbst, sondern auch ihr Umfeld – Familie, Freunde, Kollegen und andere Menschen, die ihnen nahe stehen. Diese nahestehenden Personen spielen eine entscheidende Rolle im Heilungsprozess, denn Unterstützung und Verständnis können den Weg aus der Depression erleichtern. Doch oft wissen Angehörige nicht, wie sie helfen können, oder fühlen sich selbst überfordert. Dieses Kapitel zeigt, wie das Umfeld unterstützend wirken kann, ohne sich selbst zu verlieren.

---

1. Die Bedeutung der Unterstützung durch das Umfeld

1.1 Warum Unterstützung wichtig ist
Depressionen gehen oft mit sozialem Rückzug und Isolation einher. Betroffene fühlen sich allein, unverstanden und unfähig, Hilfe anzunehmen. Ein unterstützendes Umfeld kann helfen:
- Das Gefühl der Isolation zu durchbrechen,
- Hoffnung und Motivation zu geben,
- Einen Anstoß zu bieten, professionelle Hilfe in Anspruch zu nehmen.

1.2 Unterstützung als Balanceakt

Unterstützung bedeutet nicht, alle Probleme der betroffenen Person zu lösen oder die Verantwortung für ihre Heilung zu übernehmen. Es geht darum, präsent zu sein, zuzuhören und Hilfe anzubieten, wo es möglich ist, ohne sich selbst zu überfordern.

2. Wie Angehörige helfen können

2.1 Zuhören und Verständnis zeigen

Das Zuhören ist eine der wichtigsten Formen der Unterstützung. Viele Betroffene haben das Gefühl, dass ihre Gefühle nicht ernst genommen oder falsch verstanden werden. Ein offenes Ohr kann daher einen großen Unterschied machen.

- Aktives Zuhören: Stellen Sie offene Fragen wie „Wie fühlst du dich heute?" oder „Wie kann ich dich unterstützen?"
- Vermeiden von Ratschlägen: Sätze wie „Reiß dich zusammen" oder „Denk positiv" sind wenig hilfreich und können das Gefühl der Isolation verstärken.
- Geduld haben: Depressionen sind komplex, und es braucht Zeit, um Fortschritte zu machen.

2.2 Praktische Unterstützung anbieten

Depressionen können alltägliche Aufgaben überwältigend erscheinen lassen. Angehörige können helfen, indem sie praktische Unterstützung anbieten, ohne die Selbstständigkeit der Betroffenen zu untergraben.

- Kleine Aufgaben übernehmen: Einkaufen, Kochen oder Begleitung zu Terminen.

- Strukturen schaffen: Helfen Sie, einen geregelten Tagesablauf zu entwickeln.
- Motivation fördern: Sanft ermutigen, z. B. für einen Spaziergang oder eine kleine Aktivität.

2.3 Professionelle Hilfe fördern

Viele Betroffene zögern, professionelle Hilfe in Anspruch zu nehmen. Angehörige können dabei helfen, diese Hürde zu überwinden.

- Ansprechen: Sagen Sie, dass es in Ordnung ist, Hilfe zu suchen, und dass es ein Zeichen von Stärke ist.
- Unterstützen: Begleiten Sie die betroffene Person zu einem ersten Termin, wenn sie sich unsicher fühlt.
- Informieren: Recherchieren Sie gemeinsam nach Therapeuten, Beratungsstellen oder Hotlines.

3. Herausforderungen für das Umfeld

3.1 Gefühle von Hilflosigkeit

Es kann frustrierend sein, jemanden leiden zu sehen, ohne die Situation sofort ändern zu können. Angehörige müssen lernen, dass sie nicht alle Antworten haben müssen – ihre Präsenz allein kann schon helfen.

3.2 Eigene Belastung

Die Unterstützung eines Menschen mit Depressionen kann emotional belastend sein. Angehörige sollten darauf achten, auch auf ihre eigene psychische Gesundheit zu achten.

- Grenzen setzen: Es ist in Ordnung, „Nein" zu sagen, wenn man sich überfordert fühlt.
- Selbstfürsorge: Nehmen Sie sich Zeit für eigene Hobbys und Erholung.
- Unterstützung suchen: Austausch mit anderen Angehörigen oder der Besuch von Selbsthilfegruppen kann entlastend wirken.

4. Was das Umfeld vermeiden sollte

4.1 Bagatellisieren
Sätze wie „Das ist doch alles halb so schlimm" oder „Anderen geht es viel schlechter" minimieren die Erfahrungen der Betroffenen und können dazu führen, dass sie sich unverstanden fühlen.

4.2 Druck ausüben
Depressionen lassen sich nicht durch Willenskraft überwinden. Druck, wie z. B. „Du musst dich einfach zusammenreißen", kann das Leiden verstärken.

4.3 Eigene Lösungen aufzwingen
Auch gut gemeinte Ratschläge wie „Du solltest mehr Sport treiben" oder „Probier doch mal dieses neue Buch" können bevormundend wirken. Besser ist es, gemeinsam nach Lösungen zu suchen, die der betroffenen Person gut tun.

5. Positive Beispiele für Unterstützung

5.1 Erfolgsgeschichte: Julia und ihre Schwester

Sarah litt jahrelang an Depressionen und zog sich komplett zurück. Ihre Schwester entschied sich, jeden Tag eine kleine Nachricht zu schreiben – sei es ein einfacher „Guten Morgen"-Gruß oder ein witziges Meme. Diese kleinen Gesten halfen Julia, sich weniger allein zu fühlen, und ermutigten sie schließlich, Hilfe zu suchen.

5.2 Erfolgsgeschichte: Jonas und sein Freundeskreis

Jonas fiel durch seine Depression in eine völlige Antriebslosigkeit. Sein Freundeskreis organisierte regelmäßige Treffen, bei denen sie gemeinsam kochten oder Filme schauten. Die Routine und das Gefühl, Teil einer Gemeinschaft zu sein, halfen Jonas, wieder mehr am Leben teilzunehmen.

6. Die Bedeutung von Kommunikation

6.1 Offenheit fördern

Eine offene Kommunikation ist entscheidend, um Missverständnisse zu vermeiden. Fragen Sie regelmäßig nach, wie sich die betroffene Person fühlt, und bieten Sie Unterstützung an, ohne aufdringlich zu wirken.

6.2 Eigene Gefühle mitteilen

Auch Angehörige sollten ihre eigenen Gefühle ehrlich mitteilen. Ein „Ich fühle mich manchmal hilflos, weil ich dir so gern helfen möchte" kann Nähe schaffen und Missverständnisse abbauen.

7. Mein persönlicher Blick auf die Unterstützung durch andere

Ich weiß aus eigener Erfahrung, wie wertvoll ein unterstützendes Umfeld sein kann. Während meiner schwierigsten Zeiten waren es oft kleine Gesten – ein Freund, der einfach zuhörte, oder ein Familienmitglied, das mir half, Struktur in meinen Tag zu bringen –, die den Unterschied machten. Doch ich habe auch gesehen, wie wichtig es ist, den Menschen in meinem Umfeld klarzumachen, dass sie nicht alle Lasten tragen müssen. Ihre Unterstützung war essenziell, aber sie mussten lernen, auch auf sich selbst zu achten.

Zusammenfassung

Unterstützung durch das Umfeld ist ein wichtiger Bestandteil der Bewältigung von Depressionen. Angehörige können durch Zuhören, praktische Hilfe und die Förderung professioneller Unterstützung viel bewirken. Gleichzeitig ist es wichtig, die eigenen Grenzen zu kennen und auf sich selbst zu achten. Depressionen sind eine Herausforderung, die nicht allein bewältigt werden muss – gemeinsam kann der Weg aus der Dunkelheit leichter sein.

3.1 Rückschläge als Teil des Heilungsprozesses

Einleitung: Der Weg ist selten geradlinig

Die Heilung von Depressionen ist selten ein linearer Prozess. Rückschläge und schwierige Zeiten gehören oft dazu, und sie können sich entmutigend anfühlen. Doch Rückschläge sind kein Zeichen von Scheitern – sie sind ein normaler und oft unvermeidbarer Teil des Weges zur Genesung. Dieses Kapitel untersucht die Ursachen von Rückschlägen, wie man sie erkennt und mit ihnen umgeht, sowie die Strategien, um aus ihnen gestärkt hervorzugehen.

1. Was sind Rückschläge?

1.1 Definition eines Rückschlags
Ein Rückschlag tritt auf, wenn depressive Symptome nach einer Phase der Verbesserung wieder auftreten. Diese Symptome können sowohl in Intensität als auch Dauer variieren. Manche Menschen erleben nur vorübergehende Stimmungsverschlechterungen, während andere in eine vollständige depressive Episode zurückfallen.

1.2 Unterschied zwischen Rückfall und Rückschlag
- Rückfall: Ein erneutes Auftreten einer klinisch diagnostizierten Depression nach vollständiger Genesung.

- Rückschlag: Eine zeitweilige Verschlechterung der Symptome während des Heilungsprozesses.

2. Warum passieren Rückschläge?

Rückschläge können durch verschiedene Faktoren ausgelöst werden:

2.1 Stress und Belastungen
Stress, sei es durch berufliche Herausforderungen, Beziehungsprobleme oder finanzielle Sorgen, ist einer der häufigsten Auslöser von Rückschlägen. Depressionen machen Menschen oft empfindlicher gegenüber Belastungen, die sie zuvor leichter bewältigen konnten.

2.2 Veränderungen in der Therapie oder Medikation
Das Absetzen von Medikamenten, Veränderungen in der Dosis oder das Ende einer Therapiephase können Rückschläge begünstigen. Auch der Übergang von intensiver Unterstützung zu mehr Eigenverantwortung kann Herausforderungen mit sich bringen.

2.3 Negative Denkmuster
Depressive Gedankenmuster wie „Ich werde nie besser" oder „Das Leben hat keinen Sinn" können wieder auftreten, insbesondere in stressigen Zeiten. Diese Gedanken können einen Rückschlag verstärken.

2.4 Biologische und hormonelle Faktoren

Hormonelle Schwankungen, wie sie beispielsweise während des Menstruationszyklus, der Schwangerschaft oder der Menopause auftreten, können depressive Symptome verschlimmern. Auch Schlafmangel oder körperliche Krankheiten spielen eine Rolle.

---

3. Rückschläge erkennen

Frühwarnzeichen zu erkennen, kann helfen, Rückschläge rechtzeitig anzugehen:

3.1 Emotionale Anzeichen
- Zunahme von Traurigkeit, Hoffnungslosigkeit oder Reizbarkeit.
- Verlust des Interesses an Aktivitäten, die zuvor Freude bereitet haben.

3.2 Körperliche Anzeichen
- Schlafprobleme, Erschöpfung oder Appetitveränderungen.
- Erhöhte körperliche Spannungen oder Schmerzen ohne erkennbaren Grund.

3.3 Verhaltensänderungen
- Sozialer Rückzug und Vermeidung von Verpflichtungen.
- Schwierigkeiten, alltägliche Aufgaben zu bewältigen.

---

4. Umgang mit Rückschlägen

Rückschläge zu bewältigen, erfordert Geduld und Selbstmitgefühl. Hier sind einige Strategien, die helfen können:

4.1 Akzeptanz
Der erste Schritt im Umgang mit einem Rückschlag ist die Akzeptanz. Rückschläge sind kein Zeichen von Versagen, sondern ein natürlicher Teil des Heilungsprozesses. Sie bieten die Möglichkeit, mehr über sich selbst zu lernen und Resilienz aufzubauen.

4.2 Unterstützung suchen
In Zeiten von Rückschlägen kann es hilfreich sein, sich an Menschen zu wenden, denen man vertraut. Ob ein Therapeut, ein Freund oder ein Familienmitglied – das Teilen von Gefühlen kann entlastend wirken.

4.3 Selbstfürsorge
Rückschläge sind ein Signal, dass der Körper und Geist zusätzliche Fürsorge benötigen. Achtsamkeit, Entspannungstechniken oder kleine positive Aktivitäten können helfen, wieder Stabilität zu finden.

4.4 Therapie anpassen
Ein Rückschlag kann darauf hindeuten, dass bestimmte Aspekte der Therapie oder Medikation überdacht werden sollten. Ein Gespräch mit einem Arzt oder Therapeuten kann neue Perspektiven eröffnen.

5. Rückfälle verhindern

Obwohl Rückschläge oft unvermeidbar sind, gibt es Strategien, um das Risiko von Rückfällen zu minimieren:

5.1 Frühwarnzeichen ernst nehmen

Das Führen eines Tagebuchs über Stimmung und Energielevel kann helfen, Muster zu erkennen und frühzeitig einzugreifen.

5.2 Stressmanagement

Entspannungstechniken wie Meditation, Yoga oder Atemübungen können helfen, Stress abzubauen und den Geist zu beruhigen.

5.3 Kontinuität in der Behandlung

Auch nach einer Besserung ist es wichtig, die Therapie fortzusetzen oder regelmäßige Check-ins mit einem Therapeuten zu vereinbaren.

5.4 Soziale Netzwerke nutzen

Ein starkes soziales Netzwerk kann dazu beitragen, Isolation zu vermeiden und positive Energie zu fördern.

4. Umgang mit Rückschlägen

Rückschläge zu bewältigen, erfordert Geduld und Selbstmitgefühl. Hier sind einige Strategien, die helfen können:

4.1 Akzeptanz
Der erste Schritt im Umgang mit einem Rückschlag ist die Akzeptanz. Rückschläge sind kein Zeichen von Versagen, sondern ein natürlicher Teil des Heilungsprozesses. Sie bieten die Möglichkeit, mehr über sich selbst zu lernen und Resilienz aufzubauen.

4.2 Unterstützung suchen
In Zeiten von Rückschlägen kann es hilfreich sein, sich an Menschen zu wenden, denen man vertraut. Ob ein Therapeut, ein Freund oder ein Familienmitglied – das Teilen von Gefühlen kann entlastend wirken.

4.3 Selbstfürsorge
Rückschläge sind ein Signal, dass der Körper und Geist zusätzliche Fürsorge benötigen. Achtsamkeit, Entspannungstechniken oder kleine positive Aktivitäten können helfen, wieder Stabilität zu finden.

4.4 Therapie anpassen
Ein Rückschlag kann darauf hindeuten, dass bestimmte Aspekte der Therapie oder Medikation überdacht werden sollten. Ein Gespräch mit einem Arzt oder Therapeuten kann neue Perspektiven eröffnen.

5. Rückfälle verhindern

Obwohl Rückschläge oft unvermeidbar sind, gibt es Strategien, um das Risiko von Rückfällen zu minimieren:

5.1 Frühwarnzeichen ernst nehmen
Das Führen eines Tagebuchs über Stimmung und Energielevel kann helfen, Muster zu erkennen und frühzeitig einzugreifen.

5.2 Stressmanagement
Entspannungstechniken wie Meditation, Yoga oder Atemübungen können helfen, Stress abzubauen und den Geist zu beruhigen.

5.3 Kontinuität in der Behandlung
Auch nach einer Besserung ist es wichtig, die Therapie fortzusetzen oder regelmäßige Check-ins mit einem Therapeuten zu vereinbaren.

5.4 Soziale Netzwerke nutzen
Ein starkes soziales Netzwerk kann dazu beitragen, Isolation zu vermeiden und positive Energie zu fördern.

6. Mein persönlicher Umgang mit Rückschlägen

Ich erinnere mich an meinen ersten großen Rückschlag. Es fühlte sich an, als hätte ich all meine Fortschritte verloren, und ich war von Selbstzweifeln überwältigt. Doch durch Gespräche mit meinem Therapeuten und das Annehmen der Situation erkannte ich, dass dieser Rückschlag kein Scheitern war, sondern eine Gelegenheit, meine Bewältigungsstrategien zu verfeinern. Heute sehe ich Rückschläge nicht mehr als Hindernis, sondern als Chance, weiter zu wachsen.

Zusammenfassung

Rückschläge sind ein natürlicher und oft unvermeidbarer Teil des Heilungsprozesses bei Depressionen. Sie bieten die Möglichkeit, mehr über sich selbst zu lernen und Resilienz aufzubauen. Mit Geduld, Unterstützung und den richtigen Strategien können Rückschläge gemeistert und der Weg zur Genesung fortgesetzt werden. Sie sind kein Ende, sondern ein Teil der Reise.

3.2 Der Umgang mit Selbstzweifeln

Einleitung: Der Kampf mit dem inneren Kritiker

Selbstzweifel sind einer der hartnäckigsten Begleiter der Depression. Sie flüstern einem ein, dass man nicht genug sei, dass jede Anstrengung vergeblich sei und dass das Leben keinen Sinn habe. Diese inneren Kritiker können lähmend wirken und den Weg zur Heilung erschweren. Doch sie sind nicht unveränderlich. Mit der richtigen Herangehensweise können Selbstzweifel erkannt, verstanden und überwunden werden. Dieses Kapitel zeigt, wie Betroffene ihre Selbstzweifel hinterfragen und einen liebevolleren Umgang mit sich selbst entwickeln können.

1. Was sind Selbstzweifel?

1.1 Definition von Selbstzweifeln
Selbstzweifel sind negative Gedanken über die eigene Fähigkeit, den eigenen Wert oder das eigene Potenzial. Sie können sich auf verschiedene Bereiche des Lebens beziehen, wie die Arbeit, Beziehungen oder die eigene Persönlichkeit.

1.2 Wie Selbstzweifel entstehen
Selbstzweifel entwickeln sich oft aus Erfahrungen, die das Selbstwertgefühl beeinträchtigen:

- Kritik in der Kindheit: Häufige Kritik oder hohe Erwartungen von Eltern können den Glauben fördern, nie genug zu sein.
- Vergleiche mit anderen: Besonders durch soziale Medien wird der Eindruck verstärkt, dass andere ein „besseres" Leben führen.
- Misserfolge: Wiederholte Rückschläge oder das Gefühl, nicht erfolgreich zu sein, können den Glauben an die eigenen Fähigkeiten untergraben.

2. Warum sind Selbstzweifel bei Depressionen so stark?

2.1 Die Verstärkung durch negative Denkmuster
Depressionen gehen häufig mit verzerrten Denkmustern einher. Diese „kognitiven Verzerrungen" verstärken Selbstzweifel:
- Schwarz-Weiß-Denken: „Entweder ich bin perfekt, oder ich bin ein Versager."
- Katastrophisieren: „Wenn ich heute scheitere, wird mein ganzes Leben ruiniert sein."
- Gedankenlesen: „Alle denken, dass ich unfähig bin."

2.2 Die Rolle des inneren Kritikers
Der innere Kritiker ist die Stimme, die uns ständig an unsere Schwächen erinnert. Bei Depressionen wird diese Stimme besonders laut und dominiert oft die eigenen Gedanken.

3. Auswirkungen von Selbstzweifeln

3.1 Auf das Selbstwertgefühl
Selbstzweifel untergraben das Selbstwertgefühl und führen dazu, dass Betroffene an ihrem eigenen Wert zweifeln.

3.2 Auf Beziehungen
Menschen mit starken Selbstzweifeln können Schwierigkeiten haben, enge Beziehungen einzugehen. Sie fürchten Ablehnung oder fühlen sich nicht liebenswert.

3.3 Auf den Alltag
Selbstzweifel können dazu führen, dass Betroffene wichtige Entscheidungen aufschieben, keine neuen Herausforderungen annehmen oder sich aus Angst vor Kritik zurückziehen.

4. Strategien zur Überwindung von Selbstzweifeln

4.1 Negative Gedanken erkennen
Der erste Schritt im Umgang mit Selbstzweifeln ist, sie zu erkennen. Ein Gedankenprotokoll kann helfen, wiederkehrende negative Gedankenmuster sichtbar zu machen.

4.2 Den inneren Kritiker hinterfragen
Fragen Sie sich:

- Ist das, was mein innerer Kritiker sagt, wirklich wahr?

- Welche Beweise sprechen gegen diesen Gedanken?
- Wie würde ich mit einem Freund sprechen, der solche Gedanken hat?
-

4.3 Selbstmitgefühl entwickeln

Selbstmitgefühl bedeutet, sich selbst mit der gleichen Freundlichkeit und Geduld zu begegnen, die man einem Freund entgegenbringen würde. Übungen dazu:

- Atemübungen: Konzentrieren Sie sich auf Ihren Atem und stellen Sie sich vor, wie Sie sich mit jedem Atemzug Mitgefühl schenken.
- Positive Selbstgespräche: Sagen Sie sich selbst: „Es ist in Ordnung, Fehler zu machen. Ich gebe mein Bestes."

4.4 Kleine Erfolge feiern

Selbstzweifel entstehen oft aus der Fokussierung auf das Negative. Das bewusste Feiern kleiner Erfolge kann helfen, den Fokus zu ändern:

- Führen Sie ein Erfolgsjournal, in dem Sie täglich kleine positive Erlebnisse festhalten.
- Belohnen Sie sich für gemeisterte Herausforderungen, auch wenn sie klein erscheinen.

4.5 Sich selbst realistische Ziele setzen

Unrealistische Erwartungen führen oft zu Enttäuschung und verstärken Selbstzweifel. Setzen Sie sich Ziele, die erreichbar sind, und arbeiten Sie schrittweise darauf hin.

4.6 Unterstützung suchen

Selbstzweifel können oft überwältigend sein. Gespräche mit einem Therapeuten, Freunden oder in einer Selbsthilfegruppe können helfen, neue Perspektiven zu gewinnen.

5. Langfristige Strategien zur Stärkung des Selbstvertrauens

5.1 Resilienz entwickeln

Resilienz ist die Fähigkeit, mit Rückschlägen umzugehen und sich davon zu erholen. Diese Fähigkeit kann durch Achtsamkeit, soziale Unterstützung und die Fokussierung auf Stärken gestärkt werden.

5.2 Negative Denkmuster umstrukturieren

Durch kognitive Verhaltenstherapie können negative Gedankenmuster langfristig verändert werden. Dies erfordert regelmäßiges Üben, aber die Ergebnisse sind oft nachhaltig.

5.3 Neue Erfahrungen sammeln

Selbstzweifel entstehen oft aus alten Überzeugungen. Neue Erfahrungen können helfen, diese Überzeugungen zu hinterfragen. Beispiele:

- Nehmen Sie an einer neuen Aktivität teil, die Ihnen Freude bereitet.
- Suchen Sie sich Herausforderungen, die Ihr Selbstvertrauen stärken.

6. Mein persönlicher Umgang mit Selbstzweifeln

Ich kenne die Stimme des inneren Kritikers nur zu gut. Sie sagte mir, dass ich nicht gut genug sei, dass ich scheitern würde, bevor ich überhaupt angefangen hatte. Doch ich lernte, diese Stimme zu hinterfragen. Ich begann, kleine Erfolge zu feiern und mich auf meine Stärken zu konzentrieren. Es war ein langsamer Prozess, aber mit der Zeit wurde die Stimme des Kritikers leiser, und die Stimme der Selbstakzeptanz wurde stärker.

Zusammenfassung

Selbstzweifel sind ein zentraler Bestandteil der Depression, aber sie müssen nicht dauerhaft bleiben. Durch das Erkennen und Hinterfragen negativer Gedanken, die Entwicklung von Selbstmitgefühl und die Fokussierung auf Stärken können Selbstzweifel überwunden werden. Der Weg ist nicht immer leicht, aber jeder Schritt in Richtung Selbstakzeptanz bringt mehr Leichtigkeit und Freude ins Leben.

3.3 Was tun, wenn es keinen Ausweg zu geben scheint?

Einleitung: Wenn die Dunkelheit überwältigend wird

Depressionen können so intensiv werden, dass sich Betroffene wie in einem ausweglosen Labyrinth fühlen. Die Hoffnung schwindet, und die Gedanken werden von Verzweiflung beherrscht. In diesen Momenten ist es besonders wichtig, Strategien zu haben, die helfen, die Dunkelheit zu durchbrechen und den nächsten Schritt zu machen. Dieses Kapitel gibt Betroffenen und ihrem Umfeld konkrete Werkzeuge an die Hand, um auch in der tiefsten Verzweiflung den Glauben an eine mögliche Heilung zu bewahren.

1. Die Realität der Hoffnungslosigkeit

1.1 Wie sich Hoffnungslosigkeit anfühlt
Das Gefühl der Hoffnungslosigkeit ist eines der markantesten Merkmale einer schweren Depression. Es äußert sich durch:
- Gedanken wie: „Es wird nie besser" oder „Alles, was ich tue, ist sinnlos."
- Emotionale Leere: Ein Gefühl, dass Freude oder Erfüllung unerreichbar sind.
- Körperliche Symptome: Erschöpfung, Schlaflosigkeit oder das Gefühl von Lähmung.
-

1.2 Warum es so schwer ist, Hoffnung zu finden

Depressionen beeinflussen die Denkweise. Negative Gedankenmuster und kognitive Verzerrungen – wie das Katastrophendenken oder die Abwertung positiver Erlebnisse – verstärken die Überzeugung, dass es keinen Ausweg gibt.

2. Erste Schritte aus der Dunkelheit

2.1 Die Bedeutung des nächsten kleinen Schrittes

In Momenten der Verzweiflung geht es nicht darum, sofort die Lösung für alle Probleme zu finden, sondern darum, den nächsten kleinen Schritt zu machen. Beispiele:

- Ein Glas Wasser trinken: Ein einfacher Akt der Selbstfürsorge.
- Einen vertrauten Menschen anrufen: Sich mit jemandem verbinden, der einem wichtig ist.
- Nur den Tag überstehen: Sich darauf konzentrieren, einen Tag nach dem anderen zu bewältigen.

2.2 Akzeptanz der Situation

Hoffnungslosigkeit anzuerkennen und sich einzugestehen, dass es in Ordnung ist, sich so zu fühlen, kann den Druck reduzieren. Akzeptanz bedeutet nicht, aufzugeben, sondern die Realität zu akzeptieren, um daraus Kraft zu schöpfen.

3. Was tun, wenn die Gedanken unerträglich werden?

3.1 Umgang mit suizidalen Gedanken

Suizidale Gedanken sind ein ernstes Warnsignal. Es ist wichtig zu wissen, dass sie ein Symptom der Krankheit sind – nicht die Realität.

- Sprechen Sie mit jemandem: Teilen Sie Ihre Gedanken mit einem Therapeuten, Freund oder einer Hotline.
- Sicherheit schaffen: Entfernen Sie potenziell gefährliche Gegenstände aus Ihrer Umgebung.
- Notfallpläne erstellen: Halten Sie eine Liste mit Kontakten bereit, die Sie in einer Krise erreichen können.

3.2 Sich selbst daran erinnern, dass Gefühle vorübergehend sind

Auch wenn es sich unmöglich anfühlt: Gefühle sind nicht dauerhaft. Verzweiflung kann nachlassen, und selbst kleine Lichtblicke können Hoffnung bringen.

4. Konkrete Notfallstrategien

4.1 Die 10-Minuten-Regel

Wenn die Gedanken überwältigend werden, setzen Sie sich eine Frist von 10 Minuten, um eine kleine Aktivität zu machen – z. B. Tee trinken, eine Lieblingsmusik hören oder ein Tier streicheln. Diese Unterbrechung kann helfen, den Gedankenkreislauf zu durchbrechen.

4.2 Körperliche Bewegung

Bewegung, selbst wenn es nur ein kurzer
Spaziergang ist, kann die Stimmung heben. Sie
fördert die Durchblutung und setzt Endorphine frei,
die das emotionale Wohlbefinden verbessern.

4.3 Schreiben Sie Ihre Gedanken auf

Tagebuchschreiben kann helfen, die eigenen
Gefühle zu ordnen und Klarheit zu gewinnen. Es ist
ein sicherer Ort, um Gedanken auszudrücken, ohne
sie zu bewerten.

5. Professionelle Hilfe in der Krise

5.1 Psychiatrische Unterstützung

In akuten Fällen kann ein stationärer Aufenthalt in
einer psychiatrischen Einrichtung notwendig sein,
um Sicherheit und Stabilität zu gewährleisten.

5.2 Krisenhotlines und Beratungsstellen

Hotlines bieten rund um die Uhr Unterstützung.
Menschen, die zuhören und helfen, können in den
dunkelsten Momenten lebensrettend sein.

5.3 Notfalltherapien

Therapeuten bieten in Krisensituationen oft
kurzfristige Sitzungen an, um unmittelbare
Unterstützung zu leisten.

6. Unterstützung durch das Umfeld

6.1 Wie Angehörige helfen können

Menschen im Umfeld können eine wichtige Rolle spielen, indem sie:

- Präsent sind: Einfach da sein und zuhören.
- Nicht urteilen: Keine schnellen Lösungen vorschlagen, sondern Verständnis zeigen.
- Helfen, professionelle Hilfe zu finden: Unterstützung bei der Suche nach Therapeuten oder Beratungsstellen anbieten.

6.2 Wann Angehörige eingreifen, sollten

Wenn eine betroffene Person Anzeichen einer akuten Krise zeigt – wie Suizidgedanken oder extreme Rückzugstendenzen –, sollten Angehörige nicht zögern, Hilfe zu holen, auch gegen den Willen der betroffenen Person.

7. Langfristige Strategien, um das Gefühl von Hoffnungslosigkeit zu überwinden

7.1 Perspektivenwechsel durch kleine Erfolge

Auch kleine Erfolge können helfen, das Selbstvertrauen wieder aufzubauen. Beispiele:

- Einen kleinen Spaziergang machen.
- Eine kleine Aufgabe im Haushalt erledigen.

7.2 Die Kraft der Dankbarkeit

Dankbarkeit zu praktizieren, kann helfen, den Fokus von der Dunkelheit auf das Licht zu lenken. Eine tägliche Dankbarkeitsliste mit drei Dingen, die gut waren, kann die Denkweise positiv beeinflussen.

7.3 Den Sinn suchen

Für viele Menschen ist die Suche nach einem tieferen Sinn eine wichtige Strategie, um mit Verzweiflung umzugehen. Dies könnte die Pflege einer Leidenschaft, das Eintreten für eine Sache oder das Engagement in einer Gemeinschaft sein.

8. Geschichten der Hoffnung: Menschen, die aus der Dunkelheit kamen

8.1 Lisa: Ein Schritt nach dem anderen

Lisa, 29, war überzeugt, dass es keinen Ausweg aus ihrer Depression gab. Doch ein Therapeut überzeugte sie, kleine Schritte zu machen. Heute führt sie ein erfülltes Leben und arbeitet als Sozialarbeiterin, um anderen zu helfen.

8.2 Markus: Die Kraft der Gemeinschaft

Markus, 40, fand in einer Selbsthilfegruppe Halt und Verständnis. Der Austausch mit Menschen, die ähnliche Erfahrungen gemacht hatten, gab ihm neue Hoffnung.

9. Mein persönlicher Umgang mit ausweglosen Momenten

Ich kenne die Verzweiflung, wenn es scheint, als gäbe es keinen Ausweg. Doch ich habe gelernt, dass selbst kleine Lichtblicke – sei es ein Gespräch mit einem Freund oder ein Spaziergang – helfen können, die Dunkelheit zu durchbrechen. Es war ein langsamer Prozess, aber Schritt für Schritt fand ich wieder Hoffnung und einen Weg zurück ins Leben. Meine Familie war immer wieder der Ankerpunkt der mir wie als Leuchtturm diente um durch den Nebel die Richtung zu erkennen

Zusammenfassung

Wenn es keinen Ausweg zu geben scheint, ist es wichtig zu wissen, dass Hilfe verfügbar ist. Kleine Schritte, Unterstützung durch andere und der Zugang zu professioneller Hilfe können den entscheidenden Unterschied machen. Verzweiflung ist ein Symptom der Depression – nicht die Realität. Es gibt immer einen Weg, die Dunkelheit zu durchbrechen, auch wenn er nicht sofort sichtbar ist.

4.1 Wiederaufbau der Lebensfreude

Einleitung: Der Weg zurück zur Freude

Depressionen rauben oft das, was das Leben lebenswert macht – Freude, Neugier, Begeisterung und Sinn. Doch auch wenn die Dunkelheit überwältigend erscheinen mag, ist es möglich, diese Gefühle wiederzuentdecken. Der Wiederaufbau der Lebensfreude ist ein schrittweiser Prozess, der Geduld und Mut erfordert. Dieses Kapitel zeigt, wie Menschen, die an Depressionen leiden, kleine Schritte unternehmen können, um ihre Lebensfreude zurückzugewinnen und neue Perspektiven zu entdecken.

1. Die Natur der verlorenen Lebensfreude

1.1 Wie Depressionen Freude blockieren
Depressionen beeinflussen das Gehirn auf eine Weise, die es erschwert, Freude zu empfinden. Neurotransmitter wie Serotonin und Dopamin, die für positive Emotionen verantwortlich sind, sind oft aus dem Gleichgewicht. Gleichzeitig führen depressive Gedankenmuster dazu, dass Betroffene sich auf das Negative konzentrieren und positive Erfahrungen abwerten.

1.2 Warum es schwer ist, Freude zurückzugewinnen

Viele Betroffene fühlen sich von ihren Symptomen überwältigt. Die Antriebslosigkeit und das Gefühl der Sinnlosigkeit machen es schwierig, Aktivitäten zu beginnen, die Freude bringen könnten. Zudem erfordert es oft Mut, neue Dinge auszuprobieren, da die Angst vor Enttäuschung präsent sein kann.

2. Kleine Schritte zurück zur Freude

2.1 Akzeptanz des Ist-Zustands

Der erste Schritt, um Freude zurückzugewinnen, ist die Akzeptanz des aktuellen Zustands. Anstatt sich selbst dafür zu verurteilen, dass man keine Freude empfindet, sollten Betroffene sich daran erinnern, dass dies ein Symptom der Depression ist – nicht ihre Schuld.

2.2 Positive Aktivitäten planen

Auch wenn es schwerfällt, können kleine, geplante Aktivitäten helfen, das Gefühl von Freude wiederzubeleben:

- Spaziergänge in der Natur: Studien zeigen, dass die Natur stimmungsaufhellend wirkt.
- Kochen oder Backen: Das Erschaffen von etwas Greifbarem kann ein Gefühl der Zufriedenheit geben.
- Kreative Tätigkeiten: Malen, Schreiben oder Musizieren fördern die Ausdruckskraft und bringen neue Energie.

3. Die Rolle der Sinne bei der Lebensfreude

3.1 Wiederentdeckung durch sinnliche Erfahrungen

Die Sinne – Sehen, Hören, Riechen, Schmecken und Fühlen – sind oft ein Zugang zur Lebensfreude. Das bewusste Wahrnehmen von Sinneseindrücken kann helfen, im Moment zu sein:

- Sehen: Ein schöner Sonnenuntergang, Kunst oder ein Film.
- Hören: Lieblingsmusik, beruhigende Naturklänge oder ein inspirierender Podcast.
- Schmecken: Ein Lieblingsgericht genießen oder neue Rezepte ausprobieren.
- Riechen: Der Duft von Blumen, frisch gemahlenem Kaffee oder ätherischen Ölen.
- Fühlen: Berührungen wie Umarmungen oder das Gefühl von warmem Sand unter den Füßen.

3.2 Achtsamkeit in den Alltag integrieren

Achtsamkeit bedeutet, den Moment bewusst wahrzunehmen, ohne zu urteilen. Übungen wie das bewusste Trinken einer Tasse Tee oder das achtsame Beobachten der Umgebung können dabei helfen, Freude im Alltag zu finden.

4. Beziehungen und soziale Verbindungen

4.1 Die Kraft von sozialen Beziehungen

Isolation ist ein typisches Symptom der Depression, doch soziale Verbindungen sind entscheidend für die Rückkehr zur Lebensfreude. Beziehungen können Trost, Ermutigung und Freude bringen:

- Freundschaften pflegen: Selbst kurze Treffen oder Telefonate können ein Gefühl von Zugehörigkeit schaffen.
- Neue Verbindungen knüpfen: Aktivitäten in Gruppen oder Vereinen bieten die Möglichkeit, neue Menschen kennenzulernen.

4.2 Die Rolle von Lachen

Lachen ist eine der direktesten Verbindungen zur Freude. Es reduziert Stresshormone und fördert die Freisetzung von Endorphinen. Humor – ob durch Filme, Bücher oder Gespräche – kann eine wertvolle Quelle der Freude sein. Gerne auch mal einfach so anfangen zu lachen. Kleiner Tipp am Rande, setzen sie sich gegenüber ihrem Partner oder beste Freundin / Freund und beginnen sie zu lachen!

5. Die Bedeutung von Bewegung

5.1 Wie Bewegung die Stimmung verbessert

Körperliche Aktivität setzt Endorphine frei, verbessert die Durchblutung des Gehirns und reduziert Stress. Sie ist eine der effektivsten natürlichen Methoden, um Depressionen entgegenzuwirken.

5.2 Bewegungsformen für die Freude

- Tanzen: Eine Kombination aus Musik, Bewegung und Kreativität, die oft spontan Freude weckt.
- Yoga: Fördert Entspannung und Achtsamkeit.
- Sportarten in Gruppen: Mannschaftssportarten können soziale Verbindungen stärken.

6. Kreativität und Neugier wiederentdecken

6.1 Die heilende Kraft der Kreativität
Kreative Aktivitäten bieten eine Möglichkeit, Emotionen auszudrücken und neue Perspektiven zu gewinnen. Sie können auch das Gefühl von Selbstwirksamkeit stärken:

- Tagebuch schreiben: Gedanken und Gefühle ordnen.
- Malen oder Zeichnen: Ein Zugang zu Emotionen, die schwer in Worte zu fassen sind.
- Musik machen: Ein direkter Ausdruck von Gefühlen.

6.2 Neugier wecken
Neugier ist ein Motor der Lebensfreude. Neue Dinge auszuprobieren – sei es ein neues Hobby, eine neue Sprache oder das Erkunden eines unbekannten Ortes – kann die innere Welt erweitern und Energie geben.

7. Langfristige Strategien zur Rückkehr zur Freude

7.1 Ziele setzen
Das Setzen von Zielen – selbst kleinen – kann ein Gefühl von Richtung und Erfüllung geben.
Beispiele:
- Kurzfristige Ziele: Eine neue Aktivität ausprobieren.

- Langfristige Ziele: Ein größeres Projekt oder einen Traum verwirklichen.

7.2 Dankbarkeit üben

Dankbarkeit verschiebt den Fokus auf das Positive. Das Führen eines Dankbarkeitstagebuchs kann helfen, auch in schwierigen Zeiten Lichtblicke zu sehen.

7.3 Einen Sinn finden

Für viele Menschen ist der Sinn eine zentrale Quelle der Lebensfreude. Dies kann in Form von Freiwilligenarbeit, dem Eintreten für eine Sache oder der Pflege von Beziehungen geschehen.

8. Mein persönlicher Weg zurück zur Lebensfreude

Ich erinnere mich daran, wie schwer es war, auch nur den Gedanken an Freude zuzulassen. Doch ich begann, kleine Dinge auszuprobieren: einen Spaziergang, das Hören meiner Lieblingsmusik oder das Aufschreiben eines positiven Moments am Tag. Es war ein langsamer Prozess, aber mit jedem kleinen Schritt kehrte ein Stück Lebensfreude zurück. Heute schätze ich diese kleinen Dinge mehr als je zuvor – sie sind der Kern eines erfüllten Lebens.

Zusammenfassung

Der Wiederaufbau der Lebensfreude ist ein Prozess, der Geduld, Mut und kleine Schritte erfordert. Durch die Fokussierung auf positive Aktivitäten, soziale Verbindungen, Bewegung und Kreativität können Betroffene die Tür zur Freude wieder öffnen. Jeder Schritt, so klein er auch sein mag, ist ein Schritt in Richtung eines erfüllten Lebens – und ein Beweis dafür, dass Freude auch nach der tiefsten Dunkelheit wiedergefunden werden kann.

4.2 Resilienz entwickeln

Einleitung: Stärke durch Herausforderungen

Resilienz ist die Fähigkeit, trotz widriger Umstände psychisch stabil zu bleiben und sich von Rückschlägen zu erholen. Für Menschen mit Depressionen ist die Entwicklung von Resilienz besonders wertvoll, da sie dabei hilft, mit Herausforderungen umzugehen und langfristig ein erfülltes Leben zu führen. Dieses Kapitel zeigt, wie Resilienz aufgebaut werden kann, welche Faktoren dabei eine Rolle spielen und wie Betroffene diese Fähigkeit in ihrem Alltag anwenden können.

1. Was ist Resilienz?

1.1 Definition von Resilienz

Resilienz bedeutet, Widerstandsfähigkeit gegenüber Stress, Krisen und Belastungen zu entwickeln. Es geht nicht darum, Schwierigkeiten zu vermeiden, sondern sie anzunehmen und daran zu wachsen.

1.2 Die sieben Säulen der Resilienz

- Selbstwahrnehmung: Die Fähigkeit, eigene Gefühle und Bedürfnisse zu erkennen.
- Selbstregulation: Der Umgang mit Emotionen und Stress.
- Optimismus: Der Glaube daran, dass schwierige Zeiten vorübergehen.

- Selbstwirksamkeit: Das Vertrauen in die eigenen Fähigkeiten, Herausforderungen zu bewältigen.
- Beziehungen: Unterstützung und Trost in sozialen Verbindungen finden.
- Zukunftsorientierung: Ziele setzen und an einer positiven Zukunft arbeiten.
- Flexibilität: Die Fähigkeit, sich an veränderte Umstände anzupassen.

2. Warum ist Resilienz bei Depressionen so wichtig?

2.1 Schutz vor Rückfällen

Resilienz hilft, Rückschläge zu bewältigen und das Risiko eines Rückfalls zu verringern. Menschen mit hoher Resilienz finden schneller Wege, schwierige Situationen zu meistern, ohne dabei in alte Muster zurückzufallen.

2.2 Stärkung der Lebensqualität

Resilienz fördert das Gefühl von Kontrolle und Selbstwirksamkeit, was das Wohlbefinden langfristig steigert. Sie hilft, Stress und negative Gedanken zu reduzieren.

3. Wie kann Resilienz entwickelt werden?

3.1 Achtsamkeit und Selbstreflexion

Resilienz beginnt mit der Fähigkeit, die eigenen Gedanken und Emotionen zu erkennen. Achtsamkeitsübungen und Tagebuchschreiben können dabei helfen, Muster zu erkennen und bewusst zu verändern.

- **Achtsamkeitsmeditation:** Eine tägliche Meditation von 10 Minuten kann helfen, Gedanken zu beruhigen und im Moment präsent zu sein.
- **Gefühlsprotokoll:** Notieren Sie täglich Ihre Emotionen und überlegen Sie, welche Auslöser sie beeinflusst haben.

3.2 Den Fokus auf Stärken legen

Menschen mit Depressionen neigen dazu, sich auf ihre Schwächen zu konzentrieren. Resilienz entsteht, wenn der Fokus auf Stärken und positive Eigenschaften gelenkt wird.

- **Stärken-Tagebuch:** Schreiben Sie jeden Tag eine Sache auf, die Sie gut gemacht haben.
- **Feedback von anderen:** Bitten Sie Freunde oder Familie, Ihnen Ihre Stärken zu nennen – oft sehen andere Dinge, die man selbst nicht erkennt.

3.3 Ziele setzen und kleine Schritte gehen

Ziele geben dem Leben Richtung und Sinn. Resilienz entsteht, wenn man realistische Ziele setzt und Schritt für Schritt darauf hinarbeitet.

- SMART-Ziele: Ziele sollten spezifisch, messbar, attraktiv, realistisch und terminiert sein.
- Feiern von Erfolgen: Jede kleine Errungenschaft sollte bewusst wahrgenommen und gefeiert werden.

4. Die Rolle sozialer Unterstützung

4.1 Beziehungen als Ressource
Enge Beziehungen sind eine der wichtigsten Säulen der Resilienz. Sie bieten emotionale Unterstützung und helfen, Herausforderungen zu relativieren.

- Aktiver Austausch: Nehmen Sie sich Zeit für Gespräche mit Freunden oder Familie.
- Selbsthilfegruppen: Der Austausch mit Menschen, die ähnliche Erfahrungen gemacht haben, kann inspirierend und unterstützend sein.

4.2 Grenzen setzen
Resilienz bedeutet auch, zu erkennen, wann man sich abgrenzen muss. Unproduktive oder toxische Beziehungen können das Gegenteil bewirken und sollten überdacht werden.

5. Optimismus und positive Psychologie

5.1 Der Wert von Optimismus

Optimismus ist ein zentraler Bestandteil der Resilienz. Es bedeutet nicht, die Realität zu ignorieren, sondern sich darauf zu konzentrieren, dass schwierige Zeiten vorübergehen.

- Übung: Schreiben Sie täglich eine positive Sache auf, die Sie an diesem Tag erlebt haben – egal wie klein sie ist.
- Reframing: Überlegen Sie, wie Sie eine schwierige Situation als Chance betrachten können.

5.2 Dankbarkeit praktizieren

Dankbarkeit verschiebt den Fokus von dem, was fehlt, hin zu dem, was bereits vorhanden ist. Sie stärkt die Resilienz, indem sie die Wahrnehmung von positiven Aspekten im Leben fördert.

- Dankbarkeitsjournal: Schreiben Sie jeden Abend drei Dinge auf, für die Sie dankbar sind.

6. Körperliche und mentale Gesundheit

6.1 Bewegung und Resilienz

Regelmäßige Bewegung verbessert nicht nur die körperliche Gesundheit, sondern auch die Fähigkeit, mit Stress umzugehen. Sie reduziert die Auswirkungen von Cortisol (Stresshormon) und fördert die Ausschüttung von Endorphinen.

- Tägliche Bewegung: Bereits 30 Minuten Spazierengehen können die Resilienz stärken.

- Sportarten wählen: Finden Sie eine Aktivität, die Ihnen Freude bereitet, sei es Tanzen, Yoga oder Wandern.

6.2 Gesunde Ernährung

Eine ausgewogene Ernährung versorgt das Gehirn mit den notwendigen Nährstoffen, um besser mit Belastungen umzugehen.

- Stressabbau durch Ernährung: Lebensmittel wie Beeren, Nüsse und Omega-3-Fettsäuren fördern die Gehirngesundheit.
- Hydration: Ausreichend Wasser zu trinken hilft, die Konzentration und Stimmung stabil zu halten.

7. Umgang mit Rückschlägen

7.1 Rückschläge als Lernmöglichkeit

Resilienz bedeutet nicht, Rückschläge zu vermeiden, sondern sie als Chance für Wachstum zu nutzen. Fragen Sie sich:

- Was kann ich aus dieser Erfahrung lernen?
- Wie kann ich beim nächsten Mal anders reagieren?

7.2 Selbstmitgefühl bei Rückschlägen

Statt sich für Fehler oder Rückfälle zu verurteilen, sollten Betroffene lernen, sich selbst mit Mitgefühl zu begegnen.

- Übung: Stellen Sie sich vor, ein Freund hat den gleichen Rückschlag erlebt. Was würden Sie ihm sagen? Sagen Sie das Gleiche zu sich selbst.

8. Mein persönlicher Weg zur Resilienz

Resilienz war für mich kein angeborenes Talent, sondern etwas, das ich Schritt für Schritt entwickeln musste. Ich begann, meine Denkmuster zu hinterfragen und kleine Ziele zu setzen, die mir halfen, wieder Vertrauen in mich selbst zu gewinnen. Mit der Zeit lernte ich, dass ich Rückschläge nicht kontrollieren kann – aber ich kann kontrollieren, wie ich darauf reagiere. Heute ist Resilienz für mich eine innere Stärke, die mir hilft, auch in schwierigen Zeiten meinen Weg zu gehen.

Zusammenfassung

Resilienz ist keine feste Eigenschaft, sondern eine Fähigkeit, die jeder entwickeln kann. Durch Selbstreflexion, den Fokus auf Stärken, soziale Unterstützung und die Pflege von Optimismus und Dankbarkeit können Betroffene ihre Widerstandsfähigkeit stärken. Resilienz bedeutet nicht, nie zu scheitern, sondern die Fähigkeit, nach jedem Fall wieder aufzustehen – stärker und weiser als zuvor.

4.3 Die Bedeutung von Achtsamkeit

Einleitung: Achtsamkeit als Schlüssel zur inneren Balance

In einer Welt, die oft hektisch und überwältigend ist, bietet Achtsamkeit einen sicheren Hafen. Für Menschen mit Depressionen ist sie ein wertvolles Werkzeug, um Gedankenmuster zu durchbrechen, das emotionale Gleichgewicht wiederherzustellen und den Moment bewusster wahrzunehmen. Achtsamkeit bedeutet, sich auf das Hier und Jetzt zu konzentrieren, ohne zu urteilen. Dieses Kapitel zeigt, wie Achtsamkeit Depressionen beeinflussen kann, welche Methoden es gibt und wie sie Schritt für Schritt in den Alltag integriert werden kann.

1. Was ist Achtsamkeit?

1.1 Definition von Achtsamkeit
Achtsamkeit ist die bewusste Wahrnehmung des gegenwärtigen Moments, ohne ihn zu bewerten. Es geht darum, Gedanken, Gefühle und körperliche Empfindungen anzuerkennen, ohne sie zu unterdrücken oder zu verstärken.

**1.2 Ursprung der Achtsamkeit

Achtsamkeit hat ihre Wurzeln in der buddhistischen Meditation, wurde aber in den letzten Jahrzehnten auch in der westlichen Psychologie integriert. Programme wie die Mindfulness-Based Stress Reduction (MBSR) und die Mindfulness-Based Cognitive Therapy (MBCT) wurden speziell entwickelt, um Stress und Depressionen zu lindern.

2. Warum ist Achtsamkeit bei Depressionen so wirksam?

2.1 Unterbrechung negativer Denkmuster

Depressionen gehen oft mit einem Kreislauf aus negativen Gedanken einher, der schwer zu durchbrechen ist. Achtsamkeit hilft, diesen Kreislauf zu erkennen und loszulassen. Anstatt sich in Grübeleien zu verlieren, lernen Betroffene, Gedanken als vorübergehende Ereignisse zu betrachten.

2.2 Stärkung der emotionalen Resilienz

Achtsamkeit fördert die Akzeptanz von Emotionen, auch wenn sie unangenehm sind. Diese Akzeptanz kann helfen, emotionale Überforderung zu reduzieren und schwierige Gefühle leichter zu bewältigen.

2.3 Verbesserung der körperlichen Wahrnehmung

Depressionen können dazu führen, dass Betroffene den Kontakt zu ihrem Körper verlieren. Achtsamkeitsübungen wie der Body-Scan helfen, sich wieder mit dem eigenen Körper zu verbinden und Signale wie Stress oder Müdigkeit frühzeitig zu erkennen.

3. Die wissenschaftliche Basis der Achtsamkeit

3.1 Studien zu Achtsamkeit und Depression

Zahlreiche Studien belegen die Wirksamkeit von Achtsamkeit bei der Behandlung von Depressionen:

- Eine Metaanalyse zeigte, dass MBSR und MBCT das Risiko von Rückfällen bei Depressionen signifikant senken.
- Achtsamkeit reduziert die Aktivität in der Amygdala, dem Teil des Gehirns, der für die Verarbeitung von Angst und Stress verantwortlich ist.

3.2 Neuroplastizität und Achtsamkeit

Achtsamkeit kann die Struktur des Gehirns verändern. Regelmäßige Praxis stärkt den präfrontalen Kortex (verantwortlich für Entscheidungsfindung und Selbstregulation) und reduziert die Aktivität im Default Mode Network, das mit Grübeln assoziiert ist.

4. Achtsamkeitsmethoden und Übungen

4.1 Atemmeditation

Die Atemmeditation ist eine der einfachsten und effektivsten Achtsamkeitsübungen. Sie konzentriert sich auf den Atem als Anker für den gegenwärtigen Moment.

- **Anleitung:** Setzen Sie sich bequem hin, schließen Sie die Augen und richten Sie Ihre Aufmerksamkeit auf Ihren Atem. Spüren Sie, wie die Luft in die Nase einströmt und wieder ausströmt.
- **Dauer:** Beginnen Sie mit 5 Minuten und steigern Sie sich nach Bedarf.

4.2 Body-Scan

Der Body-Scan hilft, die Verbindung zum Körper wiederherzustellen und Anspannungen bewusst wahrzunehmen.

- **Anleitung:** Legen Sie sich hin und richten Sie Ihre Aufmerksamkeit nacheinander auf verschiedene Körperteile – von den Zehen bis zum Kopf. Nehmen Sie wahr, wie sich jedes Körperteil anfühlt, ohne es zu bewerten.
- **Vorteile:** Fördert Entspannung und Körperbewusstsein.

4.3 Achtsames Gehen

Diese Übung verbindet Bewegung mit Achtsamkeit und ist ideal für Menschen, die Schwierigkeiten haben, still zu sitzen.

- Anleitung: Gehen Sie langsam und richten Sie Ihre Aufmerksamkeit auf jede Bewegung Ihrer Füße – wie sie den Boden berühren und sich wieder lösen.
- Vorteile: Reduziert Stress und bringt den Geist ins Gleichgewicht.

4.4 Achtsames Essen

Achtsamkeit kann auch auf alltägliche Aktivitäten wie das Essen angewendet werden.

- Anleitung: Nehmen Sie einen Bissen und konzentrieren Sie sich auf den Geschmack, die Textur und das Aroma. Essen Sie langsam und genießen Sie jeden Bissen.
- Vorteile: Fördert eine gesunde Beziehung zum Essen und reduziert emotionales Essen.

5. Integration von Achtsamkeit in den Alltag

5.1 Mikropausen

Schon kleine Momente der Achtsamkeit können im Alltag einen Unterschied machen. Beispiele:

- Beim Zähneputzen: Konzentrieren Sie sich auf die Empfindungen und Bewegungen.
- An der Ampel: Beobachten Sie Ihren Atem, während Sie warten.

5.2 Achtsamkeit am Arbeitsplatz

Stress am Arbeitsplatz ist häufig ein Auslöser für depressive Episoden. Achtsamkeit kann helfen, den Stress zu bewältigen:

- Atempausen: Nehmen Sie sich 1–2 Minuten Zeit, um Ihren Atem zu beobachten.

- Bewusste Übergänge: Konzentrieren Sie sich zwischen Aufgaben auf einen Moment der Ruhe.

6. Herausforderungen bei der Achtsamkeitspraxis

6.1 Ungeduld
Viele Menschen erwarten, dass Achtsamkeit sofortige Ergebnisse liefert. Es ist jedoch ein Prozess, der Geduld und Übung erfordert.

6.2 Konfrontation mit schwierigen Gefühlen
Achtsamkeit kann schwierige Gefühle und Gedanken an die Oberfläche bringen. Es ist wichtig, diese mit Mitgefühl zu betrachten und sich gegebenenfalls Unterstützung zu holen.

7. Langfristige Vorteile der Achtsamkeit

7.1 Rückfallprävention
Studien zeigen, dass Achtsamkeit das Risiko von Rückfällen bei Depressionen reduziert, indem sie die Fähigkeit fördert, negative Gedanken frühzeitig zu erkennen und loszulassen.

7.2 Verbesserung der Lebensqualität
Achtsamkeit hilft, den Fokus auf die Gegenwart zu lenken, was das Erleben von Freude und Zufriedenheit steigert.

8. Mein persönlicher Weg zur Achtsamkeit

Zu Beginn fiel es mir schwer, still zu sitzen und meine Gedanken zu beobachten. Doch ich lernte, dass Achtsamkeit keine Perfektion erfordert. Es war der Prozess des Wiederholens, der mir half, mehr im Moment zu leben. Heute ist Achtsamkeit ein fester Bestandteil meines Lebens und eine Quelle der Stärke.

Zusammenfassung

Achtsamkeit ist eine kraftvolle Methode, um Depressionen zu begegnen und die Lebensqualität zu verbessern. Sie bietet Werkzeuge, um negative Denkmuster zu durchbrechen, die Verbindung zum eigenen Körper zu stärken und im Moment präsent zu sein. Mit regelmäßiger Praxis kann Achtsamkeit nicht nur zur Heilung beitragen, sondern auch langfristig ein erfülltes Leben fördern.

4.4 Beziehungen stärken

Einleitung: Die Kraft von Verbindungen

Der Mensch ist ein soziales Wesen, und gesunde, unterstützende Beziehungen sind für das Wohlbefinden unerlässlich. Bei Depressionen spielen zwischenmenschliche Verbindungen eine besonders wichtige Rolle, sowohl als Quelle der Unterstützung als auch als Herausforderung. In Zeiten der Dunkelheit können Beziehungen die Kraft bieten, die den Weg zurück ins Leben ebnen kann. Dieses Kapitel beleuchtet, wie Beziehungen – sowohl bestehende als auch neue – gestärkt werden können und welche Schritte nötig sind, um soziale Verbindungen zu fördern, die das psychische Wohl stärken.

1. Die Bedeutung von Beziehungen bei Depressionen

1.1 Wie Depressionen Beziehungen beeinflussen

Depressionen können das Sozialverhalten erheblich verändern. Oft ziehen sich Betroffene zurück, verlieren das Interesse an bisherigen Aktivitäten und erleben eine Entfremdung von ihren Mitmenschen. Diese Isolation kann die Symptome verstärken, da das Gefühl der Einsamkeit die Depression weiter nährt.

- Vermeidungsverhalten: Menschen mit Depressionen meiden oft soziale Interaktionen, was zu Missverständnissen und Konflikten führen kann.
- Gefühl der Belastung: Betroffene fühlen sich häufig eine Last für ihre Mitmenschen, was zu Scham und weiterer Isolation führt.
- Negative Denkmuster: Der Glaube, nicht liebenswert oder wertvoll zu sein, beeinflusst die Qualität von Beziehungen.

1.2 Warum Beziehungen dennoch wichtig sind

Trotz der Tendenz zur Isolation sind soziale Bindungen ein entscheidender Bestandteil des Heilungsprozesses. Positive Beziehungen bieten Unterstützung, Verständnis und emotionale Sicherheit. Sie fördern das Gefühl von Zugehörigkeit und können als Puffer gegen die negativen Auswirkungen von Stress und Depressionen wirken.

- Emotionale Unterstützung: Freunde und Familie bieten Trost, Verständnis und Bestätigung.
- Praktische Hilfe: Enge Beziehungen ermöglichen es, Unterstützung bei alltäglichen Aufgaben zu finden, wenn die eigene Energie schwindet.
- Sinnstiftung: Beziehungen können den Sinn des Lebens aufrechterhalten, auch in schwierigen Zeiten.

2. Die Herausforderung: Beziehungen während einer Depression pflegen

2.1 Das Dilemma der sozialen Isolation

Die Symptome der Depression – wie Antriebslosigkeit und emotionale Erschöpfung – machen es oft schwierig, Beziehungen aktiv zu pflegen. Doch es ist wichtig zu erkennen, dass Isolation die Depression verstärken kann. Hier sind einige der häufigsten Herausforderungen, mit denen Betroffene konfrontiert sind:

- **Gefühl der Belastung:** Depressionen können dazu führen, dass man sich als Belastung für andere empfindet, was zu Rückzug führt.
- **Kommunikationsprobleme:** Das Teilen von Gefühlen oder Bedürfnissen fällt oft schwer, besonders wenn man sich selbst nicht versteht oder schwer ausdrücken kann.
- **Angst vor Ablehnung:** Die Sorge, dass Freunde oder Familie das Verhalten nicht verstehen oder ablehnen, kann dazu führen, dass man den Kontakt meidet.

2.2 Die Bedeutung von offenen Gesprächen

Offenheit ist der Schlüssel, um Beziehungen zu erhalten und zu stärken. Zwar kann es unangenehm sein, über die eigenen Gefühle zu sprechen, doch das Teilen von Ängsten und Bedürfnissen kann das Verständnis von anderen fördern.

- **Vertrauen aufbauen:** Ehrliche Kommunikation stärkt das Vertrauen und fördert das gegenseitige Verständnis.

- Realistische Erwartungen setzen: Wenn Sie das Gefühl haben, dass Sie nicht alles geben können, was von Ihnen erwartet wird, kommunizieren Sie dies offen.
- Grenzen respektieren: Es ist wichtig, Ihre eigenen Grenzen zu kennen und zu respektieren – und dies auch Ihren Mitmenschen mitzuteilen.

---

3. Unterstützung durch Familie und Freunde

3.1 Wie Familienangehörige helfen können
Familienangehörige haben oft die längste Beziehung zu Betroffenen und können eine tragende Rolle bei der Unterstützung spielen. Ihre Bereitschaft, zuzuhören und zu helfen, kann einen entscheidenden Unterschied machen. Doch auch für Familienmitglieder gibt es Herausforderungen, da sie lernen müssen, mit den schwierigen Aspekten der Depression umzugehen, ohne sich selbst zu überfordern.

- Aktives Zuhören: Oft brauchen Betroffene jemanden, der einfach zuhört, ohne sofort Lösungen anzubieten.
- Geduld: Depressionen verlaufen in Schüben und Rückschlägen. Geduld zu haben und anzuerkennen, dass Heilung Zeit braucht, ist entscheidend.
- Selbstfürsorge: Auch Angehörige müssen auf ihre eigene Gesundheit und ihr Wohlbefinden achten, um die notwendige Unterstützung zu bieten.

3.2 Freunde und Unterstützungsnetzwerke

Freunde spielen eine wichtige Rolle, weil sie eine weniger belastete Perspektive einbringen und als emotionaler Anker dienen können. Unterstützung kann auch durch Selbsthilfegruppen oder Online-Communities gefunden werden, in denen Menschen ähnliche Erfahrungen teilen.

- **Regelmäßiger Kontakt:** Freunde, die regelmäßig nachfragen, wie es einem geht, können ein starkes Gefühl der Zugehörigkeit vermitteln.
- **Aktivitäten gemeinsam planen:** Auch wenn der Betroffene möglicherweise keine Energie hat, können Freunde kleine, nicht überwältigende Aktivitäten vorschlagen, die Freude bereiten.
- **Anerkennung der Bemühungen:** Freunde können helfen, Fortschritte zu erkennen und zu würdigen, auch wenn diese klein erscheinen.

---

4. Wie Beziehungen durch Depressionen wachsen können

4.1 Die Chance für tiefere Bindungen

Depressionen können die Art und Weise, wie Menschen ihre Beziehungen erleben, verändern. Sie können auch eine Chance sein, tiefere und authentischere Verbindungen zu schaffen.

- Verständnis und Akzeptanz: Indem Betroffene ihre Ängste und Herausforderungen offenbaren, können sie lernen, authentischer zu sein. Dies kann zu einer stärkeren Verbindung mit anderen führen.
- Neues Vertrauen: Wenn Freunde und Familie trotz der Schwierigkeiten Unterstützung anbieten, stärkt dies das Vertrauen und die emotionale Nähe.
- Stärkung von Empathie: Durch das gemeinsame Durchleben schwieriger Zeiten können Beziehungen zu einem tiefen Gefühl der Empathie und gegenseitigen Unterstützung führen.

4.2 Beziehungen als Heilmittel

Positive Beziehungen sind nicht nur ein Unterstützungssystem, sondern auch eine Quelle der Heilung. Liebe, Freundschaft und Unterstützung können helfen, depressive Symptome zu lindern und die Lebensfreude wiederzuentdecken.

- Emotionale Stabilität: Verlässliche Beziehungen bieten ein Sicherheitsnetz, das den emotionalen Druck verringern kann.
- Verbesserte Perspektive: Beziehungen ermöglichen es, aus dem eigenen Kopf herauszukommen und andere Perspektiven zu erleben, die helfen, die Welt aus einer anderen Sichtweise zu betrachten.

5. Wie man neue Verbindungen knüpft

5.1 Die Schwierigkeit, neue Beziehungen einzugehen

Für viele Menschen, die unter Depressionen leiden, ist es schwer, neue Beziehungen zu knüpfen. Das Vertrauen in sich selbst und in andere ist oft erschüttert. Doch auch der Aufbau neuer Beziehungen kann eine Quelle der Heilung sein, wenn er langsam und achtsam geschieht.

- **Langsame Annäherung:** Beginnen Sie mit kleinen, sicheren Gesprächen, zum Beispiel über gemeinsame Interessen oder Hobbys.
- **Gruppenaktivitäten:** Veranstaltungen wie Sport, Kunstkurse oder Freiwilligenarbeit bieten die Möglichkeit, Menschen in einem nicht bedrohlichen Umfeld kennenzulernen.
- **Selbsthilfegruppen:** Der Austausch mit anderen Betroffenen kann dazu beitragen, dass man sich weniger isoliert fühlt und Unterstützung auf Augenhöhe erfährt.

---

6. Grenzen erkennen und respektieren

6.1 Die Bedeutung von gesunden Grenzen

Gesunde Beziehungen sind von gegenseitigem Respekt geprägt, was auch bedeutet, die eigenen Grenzen zu erkennen und zu wahren. Gerade bei Depressionen ist es wichtig, sich nicht zu überfordern oder zu viel Verantwortung zu übernehmen.

- Eigenes Wohlbefinden: Achten Sie darauf, dass auch Ihre eigenen Bedürfnisse nicht vernachlässigt werden, wenn Sie anderen helfen.
- Kommunikation von Grenzen: Es ist wichtig, die eigenen emotionalen und körperlichen Grenzen klar zu kommunizieren, ohne sich schuldig zu fühlen.

6.2 Die Bedeutung von Selbstfürsorge in Beziehungen

Beziehungen sind nur dann stabil, wenn beide Parteien auf sich selbst achten. Selbstfürsorge ermöglicht es, in gesunden und gleichberechtigten Beziehungen zu bleiben.

- Selbstmitgefühl: Akzeptieren Sie, dass es okay ist, auch einmal „nein" zu sagen, wenn Sie sich überfordert fühlen.
- Erholung einplanen: Planen Sie regelmäßig Zeit für sich selbst ein, um sich emotional und körperlich zu erholen.

7. Mein persönlicher Umgang mit Beziehungen

In meiner eigenen Reise mit Depressionen habe ich erfahren, wie wichtig es ist, sich auf Beziehungen zu stützen, die nicht nur unterstützend, sondern auch achtsam sind. Es waren die kleinen Gesten der Freundschaft, das geduldige Zuhören und das Verständnis, die mir geholfen haben, mich weniger allein zu fühlen. Ich lernte, dass ich in meinen Beziehungen ehrlich sein kann, ohne Angst vor Verurteilung – und dass es okay ist, nicht immer stark zu sein.

Zusammenfassung

Gesunde Beziehungen sind von unschätzbarem Wert bei der Bewältigung von Depressionen. Sie bieten Unterstützung, Verständnis und Sicherheit. Doch auch wenn Beziehungen eine Herausforderung darstellen können, insbesondere während schwieriger Zeiten, sind sie auch eine Quelle der Heilung. Durch Kommunikation, Empathie und das Setzen von Grenzen können Beziehungen nicht nur überleben, sondern wachsen und gedeihen, und so eine wichtige Rolle im Heilungsprozess spielen.

Kapitel 5: Inspiration und Strategien

Einleitung: Mut und Hoffnung schöpfen

Der Weg aus der Depression ist oft von Herausforderungen und Unsicherheiten geprägt. Doch es gibt immer Menschen, die diesen Weg gegangen sind und neue Hoffnung gefunden haben. In diesem Kapitel werfen wir einen Blick auf inspirierende Geschichten von Menschen, die es geschafft haben, ihre Depression zu bewältigen. Ihre Erfahrungen zeigen, dass es viele verschiedene Ansätze gibt, um mit der Dunkelheit umzugehen – von der Unterstützung durch Familie und Freunde bis hin zu kleinen, täglichen Veränderungen, die langfristig große Wirkung entfalten.
Neben den Geschichten widmen wir uns auch den Werkzeugen, die auf diesem Weg helfen können. Dankbarkeit und positive Psychologie spielen eine entscheidende Rolle dabei, den Fokus auf das Positive zu lenken und neue Perspektiven zu entwickeln. Die Geschichten und Strategien in diesem Kapitel sollen Mut machen und zeigen, dass Heilung möglich ist – selbst wenn der Weg steinig ist.

5.1 Inspirierende Geschichten: 10 Menschen, die es geschafft haben

Hoffnung durch Geschichten

Die Reise aus der Depression ist für jeden Menschen einzigartig. In den Geschichten anderer finden wir Inspiration, Trost und den Beweis, dass Heilung möglich ist. In diesem Kapitel teile ich die Geschichten von zehn Menschen, die trotz der Dunkelheit den Weg zurück ins Leben gefunden haben. Ihre Erfahrungen zeigen, dass es verschiedene Wege gibt, mit Depressionen umzugehen und das Licht wiederzufinden.

Anna, 28 Jahre:

Die Kraft der Kreativität (Beruf: Bürokauffrau)
Anna arbeitete als Bürokauffrau in einem mittelständischen Unternehmen. Ihr Tag bestand aus E-Mails, Telefonaten und der Organisation von Terminen. Zunächst liebte sie ihren Job, doch nach ein paar Jahren merkte sie, dass sie sich immer ausgelaugter fühlte. „Es begann mit kleinen Dingen – ich hatte keine Energie mehr, mich nach Feierabend mit Freunden zu treffen, und das Wochenende reichte nicht, um mich zu erholen."

Mit der Zeit wurde Anna zunehmend reizbarer und konnte nachts kaum schlafen. „Ich habe die ganze Zeit gegrübelt: über Fehler bei der Arbeit, über Dinge, die ich hätte besser machen können." Der Wendepunkt kam, als Anna eines Morgens aufwachte und nicht zur Arbeit gehen konnte. „Ich lag im Bett und konnte mich nicht bewegen. Es fühlte sich an, als hätte ich eine riesige Last auf der Brust."

Sie suchte sich einen Therapeuten, der sie ermutigte, ihre alten Hobbys wieder aufzunehmen. „Früher habe ich gern gemalt, aber ich hatte das komplett aus den Augen verloren." In einer Kunsttherapie begann sie, ihre Gefühle durch Farben und Formen auszudrücken. „Das war anfangs ungewohnt, aber ich habe gemerkt, dass es mir gut tat."

Anna hat gelernt, Rückschläge als Teil des Prozesses zu akzeptieren. „Es gibt Tage, an denen ich mich wieder leer fühle, aber ich weiß jetzt, wie ich damit umgehen kann. Rückschläge bedeuten nicht, dass man versagt. Sie sind ein Zeichen, dass man noch auf dem Weg ist."

David, 34 Jahre:

Gemeinschaft als Heilung (Beruf: Pflegefachkraft)
David arbeitete als Pflegefachkraft in einem
Seniorenheim. Sein Job war anstrengend, sowohl
körperlich als auch emotional. „Man hat oft das
Gefühl, für alle da sein zu müssen, aber es bleibt
niemand, der für einen selbst da ist." Mit der Zeit
spürte David, wie ihn die ständige Verantwortung
belastete. Er begann, nach der Arbeit mehr zu
trinken, um abzuschalten.

„Ich dachte immer, ich muss einfach weitermachen.
Aber irgendwann merkte ich, dass ich nichts mehr
fühlte – weder Freude noch Traurigkeit." Der
Wendepunkt kam, als eine Kollegin ihn darauf
ansprach: „David, ich mache mir Sorgen um dich. Du
siehst müde aus und bist nicht mehr so, wie ich dich
kenne." Dieser Satz brachte David dazu, sich selbst
einzugestehen, dass er Hilfe brauchte.

Er entschloss sich, an einer Selbsthilfegruppe
teilzunehmen, die speziell für Pflegekräfte gedacht
war. „Ich war überrascht, wie viele ähnliche
Erfahrungen hatten. Das hat mir gezeigt, dass ich
nicht allein bin." Die Gruppe half ihm, neue
Bewältigungsstrategien zu entwickeln, wie das
Setzen von Grenzen und regelmäßige
Entspannungspausen.

„Rückschläge gibt es immer wieder, besonders an
stressigen Tagen. Aber jetzt weiß ich, dass ich nicht
alles allein schaffen muss. Es ist okay, um Hilfe zu
bitten."

Lisa, 40 Jahre:

Bewegung als Lebensretter (Beruf: Erzieherin)
Lisa arbeitete als Erzieherin in einer
Kindertagesstätte. Sie liebte ihren Beruf, doch die
ständige Verantwortung und die Anforderungen der
Eltern setzten ihr zu. „Es war, als würde ich nie
genug tun können. Egal, wie viel ich gab, es fühlte
sich nie ausreichend an."
Eines Tages bemerkte Lisa, dass sie morgens immer
schwerer aus dem Bett kam. „Ich hatte das Gefühl,
keine Energie mehr zu haben. Selbst die Kinder, die
ich normalerweise so gern um mich hatte, wurden
zur Belastung." Der Wendepunkt kam, als eine
Kollegin sie weinend im Pausenraum fand. „Ich war
so erschöpft, dass ich einfach zusammenbrach."
Ihr Arzt empfahl ihr, etwas für sich selbst zu tun.
Lisa entschied sich, eine Yogastunde auszuprobieren.
„Ich dachte, das wäre nichts für mich, aber ich hatte
nichts zu verlieren." Die langsamen Bewegungen
und die Konzentration auf den Atem halfen Lisa,
sich wieder mit ihrem Körper zu verbinden.
„Natürlich gibt es auch heute noch Rückschläge.
Manchmal habe ich wieder das Gefühl, nicht gut
genug zu sein. Aber ich habe gelernt, diese
Gedanken zu hinterfragen und mir bewusst Pausen
zu gönnen."

Markus, 50 Jahre:

Struktur und Alltag (Beruf: Hausmeister)
Markus war Hausmeister in einer großen
Wohnanlage. Er war bei den Mietern beliebt, weil er
immer hilfsbereit und freundlich war. Doch nach
dem Tod seiner Frau fühlte er sich immer häufiger
überfordert. „Ich funktionierte nur noch. Aber
innerlich war ich wie leer.“
Markus bemerkte, dass er immer öfter Dinge vergaß
und gereizt auf die Mieter reagierte. Der
Wendepunkt kam, als ein Mieter ihn darauf
ansprach: „Markus, du wirkst in letzter Zeit so
anders. Kann ich dir irgendwie helfen?“ Dieser
Moment brachte ihn zum Nachdenken.
Mit Hilfe eines Therapeuten begann Markus, wieder
Struktur in seinen Alltag zu bringen. „Ich habe
angefangen, mir feste Zeiten für meine Arbeit und
für mich selbst zu setzen. Das war anfangs schwer,
aber es hat geholfen.“ Heute engagiert sich Markus
in einer Nachbarschaftsinitiative, um anderen zu
helfen. „Rückschläge sind normal. Aber ich weiß
jetzt, dass ich nicht aufgeben muss.“

Katrin, 25 Jahre:

Die Macht der Worte (Beruf: Verkäuferin)
Katrin arbeitete als Verkäuferin in einem
Bekleidungsgeschäft. Sie liebte den Kontakt mit
Kunden, doch die langen Arbeitszeiten und der
ständige Leistungsdruck machten ihr zu schaffen.
„Ich hatte das Gefühl, dass ich immer lächeln
musste, selbst wenn es mir schlecht ging."
Mit der Zeit wurde Katrin immer stiller und zog sich
nach der Arbeit zurück. „Ich wollte einfach meine
Ruhe. Alles fühlte sich sinnlos an." Der Wendepunkt
kam, als ihr Chef sie fragte, ob alles in Ordnung sei.
„Ich konnte nicht mehr lügen und brach in Tränen
aus."
Ein Therapeut ermutigte sie, ihre Gedanken in einem
Tagebuch festzuhalten. „Das Schreiben hat mir
geholfen, meine Gefühle zu ordnen und klarer zu
sehen." Heute führt Katrin das Tagebuch immer
noch und nutzt es, um sich selbst in schwierigen
Zeiten zu reflektieren.
„Rückschläge passieren, aber ich lasse mich nicht
mehr so leicht davon unterkriegen. Das Schreiben ist
mein Werkzeug, um wieder Kraft zu finden."

Thomas, 47 Jahre:

Der Antrieb seiner Familie (Beruf: Berufskraftfahrer)
Thomas war Berufskraftfahrer und verbrachte viel
Zeit allein auf der Straße. Nach einer Kündigung
fühlte er sich völlig wertlos. „Ich dachte, ich wäre ein
Versager. Ich wollte nicht mehr kämpfen."

Der Wendepunkt kam, als seine Tochter ihn eines Abends umarmte und sagte: „Papa, ich brauche dich." Diese Worte brachten ihn dazu, sich Unterstützung zu suchen. Mit Hilfe einer Therapie begann Thomas, sich mit alten Verletzungen auseinanderzusetzen und neue Perspektiven zu entwickeln.

„Rückschläge gehören dazu, aber meine Familie erinnert mich daran, warum ich weitermache. Sie sind mein größter Antrieb."

Julia, 31 Jahre:

Die Natur als Therapie (Beruf: Floristin)
Julia war Floristin und liebte ihre Arbeit, doch nach einem schweren Verlust verlor sie den Bezug zur Natur, die sie einst so inspiriert hatte. „Ich fühlte mich wie abgeschnitten – von der Welt und von mir selbst."
Ihr Therapeut schlug vor, regelmäßige Spaziergänge in der Natur zu machen. „Zuerst war das eine Qual, aber irgendwann begann ich, die kleinen Dinge wieder wahrzunehmen: den Duft der Blumen, das Rauschen der Blätter."
Julia entdeckte die Natur als Heilmittel und fand neue Kraft. „Rückschläge passieren, aber ich gehe dann in den Wald und erinnere mich daran, dass auch die Natur Zeit braucht, um zu wachsen."

Sebastian, 38 Jahre:

Schreiben als Rettung (Beruf: Steuerfachangestellter)
Sebastian arbeitete als Steuerfachangestellter in
einer mittelständischen Kanzlei. Sein Alltag war
geprägt von Zahlen, Deadlines und langen
Arbeitstagen. „Ich fühlte mich wie ein Hamster im
Rad. Es gab immer mehr Arbeit, und ich hatte nie das
Gefühl, genug zu leisten."
Nach mehreren Jahren im Beruf bemerkte er erste
Anzeichen von Erschöpfung: „Ich konnte nicht mehr
gut schlafen, war ständig gereizt und fühlte mich, als
ob ich in einem Tunnel feststeckte." Der
Wendepunkt kam, als er eines Tages auf dem Weg
zur Arbeit stehen blieb und es nicht mehr schaffte,
weiterzugehen. „Ich war wie gelähmt. Da wusste ich,
dass ich Hilfe brauchte."
Sebastian suchte eine Therapeutin auf, die ihn
ermutigte, seine Gefühle aufzuschreiben. „Am
Anfang wusste ich nicht, was ich schreiben sollte.
Aber dann flossen die Worte einfach. Es war, als ob
ich all die Lasten, die ich jahrelang getragen hatte,
auf Papier ablegen konnte."
Rückschläge erlebte Sebastian vor allem in
stressigen Phasen, wenn alte Muster wieder
hochkamen. Doch das Schreiben half ihm, diese
Momente zu reflektieren und bewusst
gegenzusteuern. „Heute nutze ich das Schreiben
nicht nur, um mich selbst zu ordnen, sondern auch,
um anderen zu helfen. Es gibt immer einen Weg,
auch wenn er nicht sofort sichtbar ist."

Claudia, 29 Jahre:

Ein treuer Begleiter (Beruf: Zahnarzthelferin)
Claudia war Zahnarzthelferin in einer kleinen Praxis.
Sie liebte den Kontakt zu den Patienten, doch mit
der Zeit fühlte sie sich immer ausgebrannter. „Die
Arbeit war anstrengend, und ich hatte das Gefühl,
dass ich nie zur Ruhe kam. Auch privat fühlte ich
mich immer erschöpfter."
Ihre Symptome verschlimmerten sich, und sie
begann, sich immer mehr zurückzuziehen. Der
Wendepunkt kam, als ein Freund ihr einen Hund
schenkte. „Ich war zuerst überfordert. Wie sollte ich
mich um einen Hund kümmern, wenn ich mich
kaum um mich selbst kümmern konnte?" Doch ihr
Hund brachte sie dazu, jeden Tag spazieren zu gehen
– anfangs nur kurz, doch bald wurden die
Spaziergänge länger.
„Er hat mich gezwungen, nach draußen zu gehen,
auch an Tagen, an denen ich am liebsten im Bett
geblieben wäre." Mit der Zeit wurde ihr Hund zu
ihrem treuesten Begleiter, der sie nicht nur
körperlich, sondern auch emotional aufbaute.
Rückschläge gab es dennoch. „An manchen Tagen
fühlte ich mich trotzdem schlecht, aber mein Hund
hat mir gezeigt, dass es immer wieder einen neuen
Morgen gibt."
Claudia sagt heute: „Er hat mir beigebracht, dass
selbst kleine Schritte einen Unterschied machen
können. Dank ihm habe ich wieder Hoffnung
gefunden."

Paul, 45 Jahre:

Die Heilung in der Gemeinschaft (Beruf: Lagerist)
Paul arbeitete als Lagerist in einem großen
Versandzentrum. Seine Arbeit war körperlich
anstrengend und monoton, doch er war stolz darauf,
seinen Job zuverlässig zu erledigen. Nach einer
plötzlichen Kündigung verlor Paul jedoch seinen
Halt. „Ich fühlte mich wertlos. Alles, wofür ich
gearbeitet hatte, war plötzlich weg."
Er zog sich immer mehr zurück und verbrachte seine
Tage vor dem Fernseher. Der Wendepunkt kam, als
ein Nachbar ihn ansprach: „Paul, wir könnten deine
Hilfe im Gemeindegarten gebrauchen." Widerwillig
sagte er zu. „Ich hatte nichts zu tun, also dachte ich,
warum nicht."
Im Gartenprojekt fand Paul nicht nur eine neue
Aufgabe, sondern auch neue Freunde. „Die Arbeit
mit den Händen und die Gespräche mit den anderen
haben mir gezeigt, dass ich noch gebraucht werde."
Rückschläge erlebte er vor allem in Momenten, in
denen er sich an die Kündigung erinnerte und
wieder das Gefühl von Wertlosigkeit aufkam. Doch
seine neue Gemeinschaft stand ihm bei.
Heute sagt Paul: „Ich habe gelernt, dass es nicht
darauf ankommt, wo man arbeitet, sondern wie man
seine Zeit nutzt. Die Gemeinschaft hat mir geholfen,
wieder Vertrauen zu finden – in andere und in mich
selbst."

Zusammenfassung
Diese Geschichten zeigen, dass Heilung oft mit kleinen Schritten beginnt – sei es durch einen treuen Begleiter, eine unterstützende Gemeinschaft oder das Wiederentdecken alter Leidenschaften. Sie machen Mut, selbst in schwierigen Zeiten weiterzugehen und sich auf die Ressourcen zu besinnen, die einem zur Verfügung stehen. Rückschläge sind Teil des Weges, doch sie bedeuten nicht das Ende. Sie erinnern uns daran, wie weit wir bereits gekommen sind.

5.2 Die Rolle von Dankbarkeit und positiver Psychologie

Einleitung: Der Blick auf das Positive

Inmitten einer Depression fühlt es sich oft unmöglich an, irgendetwas Positives zu sehen. Negative Gedanken dominieren, und die Welt scheint grau. Doch die Wissenschaft der positiven Psychologie zeigt, dass selbst kleine Veränderungen im Denken und Handeln helfen können, das eigene Wohlbefinden zu verbessern. Dankbarkeit ist dabei ein besonders kraftvolles Werkzeug. Sie lenkt den Fokus weg von dem, was fehlt, hin zu dem, was bereits da ist – und bietet so eine Brücke aus der Dunkelheit.

1. Was ist positive Psychologie?
1.1 Definition und Ziele
Die positive Psychologie ist ein Zweig der Psychologie, der sich mit den Stärken, Ressourcen und positiven Emotionen von Menschen beschäftigt. Während sich die traditionelle Psychologie oft auf die Heilung von Problemen konzentriert, fragt die positive Psychologie: „Was macht das Leben lebenswert?" und „Wie können wir das Wohlbefinden steigern?"

1.2 Wichtige Säulen der positiven Psychologie
- Positive Emotionen: Freude, Dankbarkeit, Hoffnung und Liebe.

- Engagement: Aktivitäten, bei denen man „im Flow" ist und die Zeit vergisst.
- Sinn: Das Gefühl, dass das eigene Leben einen Zweck hat.
- Beziehungen: Enge, unterstützende soziale Verbindungen.
- Erfolge: Das Gefühl, Ziele zu erreichen und Fortschritte zu machen.

2. Dankbarkeit als Schlüsselkomponente

2.1 Was ist Dankbarkeit?

Dankbarkeit bedeutet, die positiven Aspekte des Lebens bewusst wahrzunehmen und zu schätzen. Sie richtet sich sowohl auf große Ereignisse (z. B. die Unterstützung durch einen Freund) als auch auf kleine Dinge (z. B. einen schönen Sonnenaufgang).

2.2 Wie Dankbarkeit das Gehirn verändert

Studien zeigen, dass Dankbarkeit die Gehirnstruktur verändert:

- Freisetzung von Dopamin: Dankbarkeit aktiviert das Belohnungssystem des Gehirns und steigert das Wohlbefinden.
- Verbesserung der Neuroplastizität: Regelmäßige Dankbarkeitsübungen fördern neue, positive Denkmuster.
- Stressreduktion: Dankbarkeit reduziert die Aktivität der Amygdala, die für die Verarbeitung von Angst zuständig ist.

3. Praktische Übungen zur Förderung von Dankbarkeit

3.1 Dankbarkeitstagebuch

Eine der einfachsten und effektivsten Methoden ist das Führen eines Dankbarkeitstagebuchs. Dabei schreiben Sie täglich drei Dinge auf, für die Sie dankbar sind. Das können große Dinge sein, wie die Unterstützung eines Freundes, oder kleine Momente, wie ein leckeres Frühstück.

- Beispiel-Einträge:
  - „Ich bin dankbar für das Lächeln, das ich heute von meinem Kollegen bekommen habe."
  - „Ich bin dankbar für die warme Dusche am Morgen."
  - „Ich bin dankbar für die frische Luft beim Spaziergang."

3.2 Dankbarkeitsbrief

Schreiben Sie einen Brief an eine Person, der Sie dankbar sind, und lesen Sie ihn ihr vor. Diese Übung stärkt nicht nur die Beziehung zu dieser Person, sondern auch Ihr eigenes Wohlbefinden.

3.3 Dankbarkeit im Alltag

Dankbarkeit muss nicht immer schriftlich festgehalten werden. Nehmen Sie sich bewusst Zeit, um kleine Dinge zu schätzen:

- Den Geschmack einer Tasse Tee.
- Das Geräusch von Vogelgezwitscher.
- Die Wärme eines gemütlichen Raumes.

4. Positive Psychologie im Alltag anwenden

4.1 Fokussieren auf das Positive

Eine Übung der positiven Psychologie besteht darin, den Fokus bewusst auf die positiven Aspekte des Tages zu legen. Das bedeutet nicht, negative Erfahrungen zu ignorieren, sondern ihnen weniger Raum zu geben.

- Übung: Bevor Sie schlafen gehen, erinnern Sie sich an drei positive Erlebnisse des Tages, egal wie klein sie erscheinen mögen.

4.2 Zufriedenheit durch Sinn finden

Die positive Psychologie betont die Bedeutung von Sinn und Zweck im Leben. Finden Sie eine Aktivität oder Aufgabe, die für Sie bedeutungsvoll ist – sei es ein Ehrenamt, das Lernen einer neuen Fähigkeit oder das Pflegen von Beziehungen.

4.3 Aktivitäten planen, die Freude bringen

Engagieren Sie sich in Aktivitäten, die Sie in den „Flow" bringen – einen Zustand völliger Vertiefung, bei dem die Zeit wie im Flug vergeht. Beispiele sind Malen, Tanzen oder Gartenarbeit.

5. Dankbarkeit und Rückschläge

5.1 Dankbarkeit in schwierigen Zeiten

Es mag schwer erscheinen, in Momenten der Rückschläge Dankbarkeit zu empfinden. Doch genau in diesen Zeiten kann sie besonders hilfreich sein. Dankbarkeit hilft, die Perspektive zu ändern und Hoffnung zu bewahren.

- Beispiel: Selbst an einem schlechten Tag könnten Sie dankbar sein für eine warme Mahlzeit oder das Dach über dem Kopf.

5.2 Rückschläge als Lernmomente

Dankbarkeit kann auch bedeuten, das Positive in schwierigen Erfahrungen zu sehen. Rückschläge bieten die Möglichkeit, sich selbst besser kennenzulernen und neue Stärken zu entwickeln.

6. Mein persönlicher Umgang mit Dankbarkeit

Ich erinnere mich an eine besonders schwierige Zeit, in der alles sinnlos erschien. Ein Therapeut empfahl mir, jeden Abend drei Dinge aufzuschreiben, für die ich dankbar bin. Am Anfang fiel es mir schwer, doch mit der Zeit wurde es leichter. Ich begann, kleine Momente zu schätzen: einen guten Kaffee, eine nette Nachricht von einem Freund oder einen ruhigen Moment für mich allein. Diese Übung half mir, den Fokus von der Dunkelheit auf das Licht zu lenken – und das hat alles verändert.

Zusammenfassung

Dankbarkeit und positive Psychologie sind kraftvolle Werkzeuge, um die Herausforderungen der Depression zu bewältigen. Sie fördern nicht nur das Wohlbefinden, sondern auch die Fähigkeit, Hoffnung und Freude wiederzuentdecken. Selbst in schwierigen Zeiten können Dankbarkeit und ein bewusster Blick auf das Positive den Weg zu Heilung und Zufriedenheit ebnen.

5.3 Neue Perspektiven entwickeln

Einleitung: Der Blick auf das Neue

Eine der größten Herausforderungen bei Depressionen ist der Tunnelblick, der die Welt grau erscheinen lässt und den Blick auf Möglichkeiten einschränkt. Das Entwickeln neuer Perspektiven ist ein wichtiger Schritt auf dem Weg zur Heilung. Es bedeutet, alte Denkmuster zu hinterfragen, neue Ansätze zuzulassen und sich auf das Unbekannte einzulassen. Dieses Kapitel zeigt, wie Betroffene ihre Perspektiven erweitern können, um neue Hoffnung und Lebenskraft zu finden.

1. Warum Perspektiven so wichtig sind

1.1 Die Wirkung von eingefahrenen Denkmustern
Depressionen gehen oft mit kognitiven Verzerrungen einher, die das Denken negativ beeinflussen:

- Schwarz-Weiß-Denken: „Wenn ich nicht perfekt bin, bin ich ein Versager."
- Katastrophendenken: „Wenn etwas schiefgeht, wird alles zusammenbrechen."
- Gedankenlesen: „Alle denken, dass ich nutzlos bin."

Diese Denkmuster verstärken das Gefühl von Hoffnungslosigkeit und engen die Wahrnehmung ein.

1.2 Neue Perspektiven als Weg aus der Depression

Das Entwickeln neuer Perspektiven hilft, diese Denkmuster zu durchbrechen. Es ermöglicht, die Welt und sich selbst aus einem anderen Blickwinkel zu sehen, was Raum für Hoffnung und positive Veränderungen schafft.

2. Den Blick auf sich selbst verändern

2.1 Selbstakzeptanz üben

Depressionen gehen oft mit Selbstkritik einher. Ein wichtiger Schritt ist, sich selbst mit Freundlichkeit und Akzeptanz zu begegnen. Das bedeutet, die eigenen Schwächen anzunehmen, ohne sich dafür zu verurteilen.

- Übung: Schreiben Sie eine Liste mit Dingen, die Sie an sich selbst schätzen, auch wenn sie klein erscheinen (z. B. „Ich höre gut zu" oder „Ich bin zuverlässig").
- Affirmationen: Wiederholen Sie positive Aussagen über sich selbst, wie „Ich gebe mein Bestes, und das ist genug."

2.2 Die Vergangenheit loslassen

Viele Menschen mit Depressionen sind von ihrer Vergangenheit gefangen. Es ist wichtig, zu erkennen, dass Fehler oder negative Erfahrungen nicht die Gegenwart bestimmen müssen.

- Übung: Schreiben Sie einen Brief an Ihr jüngeres Ich und verzeihen Sie sich selbst für Dinge, die Sie bereuen.

- Atemübungen: Konzentrieren Sie sich darauf, im Hier und Jetzt zu sein, anstatt in Gedanken bei der Vergangenheit zu verweilen.

---

3. Den Blick auf die Welt erweitern

3.1 Neue Aktivitäten ausprobieren
Das Erlernen neuer Fähigkeiten oder das Entdecken neuer Interessen kann helfen, die Perspektive zu erweitern und neue Freude zu finden.
- Beispiele: Besuchen Sie einen Kurs (z. B. Kochen, Fotografie oder Töpfern), probieren Sie eine neue Sportart aus oder lernen Sie eine Sprache.
- Vorteile: Neue Aktivitäten schaffen Erfolgserlebnisse und bringen frischen Wind in den Alltag.

3.2 Reisen – auch im Kleinen
Das Erkunden neuer Orte, selbst wenn sie in der eigenen Stadt liegen, kann helfen, den Geist zu öffnen.
- Ideen: Besuchen Sie ein Museum, das Sie noch nicht kennen, oder machen Sie einen Spaziergang in einer neuen Umgebung.
- Tipp: Dokumentieren Sie Ihre Eindrücke in einem Tagebuch oder mit Fotos, um positive Erinnerungen festzuhalten.

---

4. Den Blick auf Herausforderungen ändern

4.1 Herausforderungen als Chancen sehen

Jede Herausforderung birgt die Möglichkeit, zu wachsen und neue Stärken zu entdecken. Das bedeutet nicht, Probleme zu verharmlosen, sondern sie als Teil des Lebens anzunehmen.

- Übung: Schreiben Sie drei Dinge auf, die Sie aus einer schwierigen Erfahrung gelernt haben.
- Reframing: Überlegen Sie, wie eine Herausforderung Sie stärker gemacht hat, z. B. „Durch meinen Jobverlust habe ich gelernt, flexibel zu sein."

4.2 Die Kontrolle zurückgewinnen

Depressionen vermitteln oft das Gefühl, keine Kontrolle über das Leben zu haben. Das Setzen kleiner, erreichbarer Ziele kann helfen, dieses Gefühl zu ändern.

- Beispiele: Beginnen Sie mit kleinen Aufgaben, wie dem Aufräumen einer Schublade oder dem Kochen einer Mahlzeit.
- Vorteile: Kleine Erfolge bauen Selbstvertrauen auf und zeigen, dass Sie aktiv etwas bewirken können.

---

5. Beziehungen aus einem neuen Blickwinkel betrachten

5.1 Die Bedeutung von Empathie

Manchmal verändert der Versuch, andere besser zu verstehen, auch die eigene Perspektive. Empathie fördert nicht nur stärkere Verbindungen, sondern hilft auch, Konflikte zu lösen.

- Übung: Stellen Sie sich in die Lage einer anderen Person und überlegen Sie, wie sie sich fühlen könnte.
- Vorteile: Empathie stärkt Beziehungen und reduziert Missverständnisse.

5.2 Grenzen setzen und respektieren

Neue Perspektiven bedeuten auch, die eigenen Bedürfnisse klarer zu sehen und anderen zu kommunizieren.

- Tipp: Sagen Sie freundlich, aber bestimmt „Nein", wenn Sie sich überfordert fühlen.
- Erkenntnis: Beziehungen gedeihen besser, wenn beide Seiten ihre Grenzen respektieren.

6. Die Rolle der positiven Psychologie bei neuen Perspektiven

6.1 Dankbarkeit als Perspektivwechsel

Dankbarkeit verändert den Fokus von dem, was fehlt, hin zu dem, was vorhanden ist.

- Übung: Schreiben Sie jeden Tag drei Dinge auf, für die Sie dankbar sind.
- Vorteile: Dankbarkeit fördert positive Denkmuster und steigert das Wohlbefinden.

6.2 Hoffnung fördern

Hoffnung ist der Glaube daran, dass die Zukunft bessere Möglichkeiten bietet. Sie kann durch kleine Schritte genährt werden, wie das Setzen erreichbarer Ziele.

- Übung: Formulieren Sie ein Ziel für die kommende Woche und planen Sie, wie Sie es erreichen können.
- Vorteile: Hoffnung gibt Kraft und Motivation, weiterzumachen.

7. Rückschläge als Teil des Wachstums akzeptieren

7.1 Rückschläge neu bewerten

Rückschläge bedeuten nicht, dass man scheitert, sondern dass der Heilungsprozess nicht linear verläuft. Sie bieten die Möglichkeit, innezuhalten und zu reflektieren.

- Tipp: Fragen Sie sich, was Sie aus einem Rückschlag lernen können, und planen Sie, wie Sie das Gelernte anwenden können.
- Beispiel: Wenn ein neuer Versuch fehlschlägt, denken Sie darüber nach, welche Strategien Sie nächstes Mal ändern könnten.

7.2 Mit Rückschlägen umgehen

Anstatt sich von Rückschlägen entmutigen zu lassen, sollten Sie sich auf die Fortschritte konzentrieren, die Sie bereits gemacht haben.

- Übung: Führen Sie ein „Fortschrittsbuch", in dem Sie regelmäßig notieren, was Sie bereits erreicht haben.

- Vorteile: Dieses Buch erinnert Sie daran, dass Sie auf dem richtigen Weg sind, auch wenn es manchmal schwierig ist.

8. Mein persönlicher Weg zu neuen Perspektiven

Ich weiß, wie schwer es ist, in der Dunkelheit der Depression neue Perspektiven zu finden. Es gab Tage, an denen ich dachte, dass sich nie etwas ändern würde. Doch ich begann, kleine Schritte zu machen: Ich probierte neue Aktivitäten aus, setzte mir erreichbare Ziele und hinterfragte meine negativen Gedanken. Es war kein einfacher Weg, und es gab Rückschläge. Doch mit der Zeit merkte ich, dass jede kleine Veränderung neue Möglichkeiten eröffnete. Heute sehe ich Rückschläge nicht mehr als Niederlagen, sondern als Chancen, weiter zu wachsen.

Zusammenfassung

Das Entwickeln neuer Perspektiven ist ein zentraler Schritt auf dem Weg aus der Depression. Es erfordert Mut, alte Muster zu hinterfragen und neue Ansätze zuzulassen. Doch mit kleinen Schritten, gezielten Übungen und der Unterstützung durch andere können Betroffene lernen, die Welt und sich selbst aus einem neuen Blickwinkel zu sehen. Dieser Prozess eröffnet nicht nur neue Möglichkeiten, sondern auch neue Hoffnung und Lebensfreude.

5.4 Abschluss und Fazit

Einleitung: Der Weg in die Zukunft

Kapitel 5 war eine Reise durch inspirierende Geschichten, Dankbarkeit, positive Psychologie und das Entwickeln neuer Perspektiven. Es gibt keine universelle Antwort auf die Frage, wie man Depressionen überwindet, aber eines wird klar: Heilung ist möglich, wenn man den Mut hat, kleine Schritte zu gehen und offen für Veränderung zu sein. Dieses Kapitel fasst die wichtigsten Erkenntnisse zusammen und bietet einen abschließenden Blick darauf, wie Betroffene ihren Weg weitergehen können.

1. Was wir aus den Geschichten lernen können

Die Geschichten von Anna, David, Lisa und den anderen haben gezeigt, dass es nicht den einen richtigen Weg aus der Depression gibt. Jeder Mensch hat seine eigene Reise, doch einige gemeinsame Lektionen lassen sich erkennen:

- Hilfe annehmen: Der erste Schritt ist oft, sich einzugestehen, dass man Unterstützung braucht.

- Kleine Schritte zählen: Ob es ein Spaziergang, eine neue Aktivität oder ein Gespräch mit einem Freund ist – jede noch so kleine Handlung kann der Beginn von etwas Großem sein.
- Rückschläge akzeptieren: Niemand schafft es ohne Rückschläge. Sie sind ein natürlicher Teil des Prozesses und eine Gelegenheit zu wachsen.

2. Die Rolle der Dankbarkeit und der positiven Psychologie

Dankbarkeit und positive Psychologie sind mächtige Werkzeuge, um das eigene Denken zu verändern und den Fokus auf das Positive zu lenken. Sie zeigen, dass selbst in schwierigen Zeiten Hoffnung und Freude gefunden werden können.

- Dankbarkeit hilft, den Moment zu schätzen: Kleine tägliche Übungen, wie ein Dankbarkeitstagebuch, können den Blick auf das Positive lenken.
- Positive Psychologie öffnet neue Türen: Sie bietet Strategien, um nicht nur zu überleben, sondern ein erfüllteres Leben zu führen.

3. Neue Perspektiven als Schlüssel

Ein zentraler Punkt dieses Kapitels war die Bedeutung neuer Perspektiven. Depressionen engen den Blick ein, doch durch das Erlernen neuer Denkweisen und das Entdecken neuer Möglichkeiten können Betroffene ihren Horizont erweitern.

- **Selbstakzeptanz ist der Anfang:** Sich selbst mit Freundlichkeit zu begegnen, öffnet den Weg zu einem neuen Selbstbild.
- **Neues wagen:** Das Ausprobieren neuer Aktivitäten oder das Eingehen neuer Beziehungen hilft, das Leben wieder zu bereichern.

---

4. Mein persönlicher Weg

Ich habe selbst erfahren, wie schwer es ist, sich aus der Dunkelheit der Depression zu befreien. Es war kein leichter Weg, doch ich habe gelernt, dass jeder Schritt, so klein er auch sein mag, zählt. Rückschläge waren unvermeidbar, aber ich habe sie als Chance genutzt, weiter zu wachsen. Heute weiß ich, dass es nicht darum geht, perfekt zu sein, sondern darum, voranzukommen – Schritt für Schritt.

---

5. Ein Blick nach vorn

Für jeden, der diesen Weg geht, ist es wichtig, sich daran zu erinnern:

- Sie sind nicht allein: Hilfe und Unterstützung sind immer verfügbar, sei es durch Freunde, Familie oder professionelle Unterstützung.
- Es gibt Hoffnung: Auch wenn es sich manchmal aussichtslos anfühlt, gibt es immer einen Weg aus der Dunkelheit.
- Jeder Tag ist eine neue Chance: Egal, wie schwer der heutige Tag ist, morgen kann ein neuer Anfang sein.

Zusammenfassung

Kapitel 5 hat gezeigt, dass Heilung möglich ist – durch inspirierende Geschichten, Dankbarkeit, positive Psychologie und das Entwickeln neuer Perspektiven. Es ist ein Prozess, der Zeit und Geduld erfordert, aber er lohnt sich. Mit kleinen Schritten, Unterstützung und einem offenen Geist können Betroffene ihren Weg zurück ins Leben finden. Der wichtigste Schritt ist, überhaupt zu beginnen – denn der Weg aus der Dunkelheit beginnt mit einem ersten Lichtblick.

Kapitel 6: Anhang

Der Anhang bietet praktische und umsetzbare Ressourcen für Betroffene und Angehörige. Er ist ein Werkzeugkasten, der sofortige Unterstützung und Orientierung bietet, sowie Raum für persönliche Reflexion schafft. Von Adressen und Tipps bis hin zu einem individuellen Tagebuch ist dieser Anhang so gestaltet, dass er den Weg zur Heilung erleichtert und inspiriert.

---

1. Hilfreiche Ressourcen

1.1 Adressen von Beratungsstellen, Hotlines und Selbsthilfegruppen

Wenn Sie Hilfe suchen, ist der erste Schritt oft der schwierigste. Hier finden Sie eine Auswahl an vertrauenswürdigen Adressen und Kontakten, die Sie in schwierigen Zeiten unterstützen können.

- Telefonseelsorge Deutschland
  24/7 erreichbar unter: 0800 111 0 111 oder 0800 111 0 222
  Website: www.telefonseelsorge.de
- Deutsche Depressionshilfe
  Informations- und Hilfsangebote sowie Kontakt zu Selbsthilfegruppen.
  Website: www.deutsche-depressionshilfe.de

- Nummer gegen Kummer – Eltern- und Jugendtelefon
  Für Kinder und Jugendliche: 116 111
  Für Eltern: 0800 111 0 550
  Website: www.nummergegenkummer.de
- Pro-Familia
  Unterstützung bei familiären und persönlichen Problemen.
  Website: www.profamilia.de
- Selbsthilfegruppen (NAKOS)
  Nationale Kontaktstelle für Selbsthilfegruppen mit lokalen Ansprechpartnern.
  Website: www.nakos.de

1.2 Bücher, Apps und Webseiten

Diese Hilfsmittel können Sie auf Ihrem Weg zur Heilung unterstützen, sei es durch Informationen, Übungen oder Inspiration.

- Bücher
  - „Die schwarze Sonne" von Andrew Solomon – Ein einfühlsames Buch über das Leben mit Depressionen.
  - „Glücklich ohne Grund" von Marci Shimoff – Ein Buch über die Kraft positiver Gedanken.
- Apps
  - 7Mind: Eine Meditations-App, die speziell auf mentale Gesundheit ausgerichtet ist.

- o Moodpath: Unterstützt bei der Erkennung von depressiven Symptomen und bietet Übungen.
- Webseiten
  - o MindDoc: Informationen und Übungen rund um psychische Gesundheit.
    Website: www.minddoc.de
  - o Mentavio: Plattform für Online-Therapie und psychologische Unterstützung.
    Website: www.mentavio.com

---

2. Checklisten für den Alltag

2.1 Wann Sie Hilfe suchen sollten

Eine Checkliste, die Ihnen hilft, den Moment zu erkennen, in dem professionelle Unterstützung notwendig wird:

- Fühlen Sie sich über mehrere Wochen hinweg durchgängig traurig oder leer?
- Haben Sie Schwierigkeiten, alltägliche Aufgaben zu bewältigen?
- Zieht sich Ihr sozialer Rückzug weiter hin?
- Haben Sie das Gefühl, dass nichts mehr Freude macht?
- Denken Sie häufig über den Tod oder das Leben nach?

Wenn Sie mehrere dieser Fragen mit „Ja" beantworten, sollten Sie in Erwägung ziehen, professionelle Hilfe zu suchen.

2.2 Selbstfürsorge-Tipps für schwierige Tage

An schlechten Tagen fällt es schwer, sich um sich selbst zu kümmern. Diese Checkliste bietet einfache Schritte, um wieder Stabilität zu finden:

- Trinken Sie ein Glas Wasser, um Ihren Körper zu hydratisieren.
- Atmen Sie bewusst für 1 Minute tief ein und aus.
- Gehen Sie für 10 Minuten nach draußen – frische Luft wirkt Wunder.
- Schreiben Sie 3 Dinge auf, für die Sie dankbar sind.
- Sagen Sie sich: „Ich tue, was ich kann, und das reicht aus."

3. Ein Tagebuch für erste Schritte

Das Schreiben über Gefühle, Ziele und Herausforderungen kann ein wirksames Mittel sein, um Klarheit zu gewinnen und Fortschritte zu erkennen. Das Buch „Licht im Dunkeln: Dein Wegbegleiter", erhältlich auf Amazon, bietet speziell gestaltete Seiten für:

- Tägliche Reflexionen: Was lief gut? Welche Herausforderungen gab es?
- Setzen von Zielen: Kleine, erreichbare Schritte, die Sie motivieren.

- Übungen zur Dankbarkeit: Fokussieren Sie sich auf das Positive.
- Tracking von Fortschritten: Verfolgen Sie Ihre Entwicklung über Tage, Wochen und Monate.

Dieses Tagebuch wurde entwickelt, um Ihnen in dunklen Zeiten zur Seite zu stehen. Verwenden Sie es als Werkzeug, um Ihre Gedanken zu sortieren und neue Perspektiven zu finden.

Zusammenfassung

Der Anhang bietet praktische Hilfen, die sofort umsetzbar sind. Adressen und Ressourcen geben Orientierung, während Checklisten und ein Tagebuch den Weg zu Selbstfürsorge und Reflexion ebnen. Jeder Schritt – sei es das Ausfüllen einer Checkliste oder das Nutzen einer App – ist ein Schritt in Richtung Heilung und Hoffnung.

Glossar: Wichtige Begriffe rund um Depressionen

A

- Achtsamkeit: Eine Praxis, die darauf abzielt, den gegenwärtigen Moment bewusst und ohne Bewertung wahrzunehmen. Wird oft in der Therapie zur Behandlung von Depressionen eingesetzt, um Grübeleien zu reduzieren.
- Antidepressiva: Medikamente, die bei der Behandlung von Depressionen eingesetzt werden, um das chemische Gleichgewicht im Gehirn zu verbessern. Beispiele sind SSRI (Selective Serotonin Reuptake Inhibitors) und SNRI (Serotonin-Noradrenalin-Wiederaufnahmehemmer).
- Antriebslosigkeit: Ein häufiges Symptom von Depressionen, bei dem es schwerfällt, alltägliche Aufgaben zu beginnen oder durchzuführen.
- Atemtechniken: Übungen zur bewussten Regulation des Atems, die helfen können, Stress und Angst zu reduzieren.

B

- Burnout: Ein Zustand emotionaler, physischer und mentaler Erschöpfung, der oft durch anhaltenden Stress ausgelöst wird. Burnout kann in Depressionen übergehen.
- Bipolare Störung: Eine psychische Erkrankung, die durch extreme Stimmungsschwankungen zwischen Depression und Manie gekennzeichnet ist.

C

- CBT (Cognitive Behavioral Therapy): Eine kognitive Verhaltenstherapie, die darauf abzielt, negative Denkmuster zu identifizieren und zu verändern.
- Chronische Depression: Eine Form der Depression, die über einen längeren Zeitraum anhält (mindestens zwei Jahre).

D

- Dysthymie: Eine leichtere, aber langanhaltende Form der Depression, bei der Betroffene über Jahre hinweg anhaltend niedergestimmt sind.
- Depressive Episode: Ein Zeitraum mit intensiven Symptomen einer Depression, wie Traurigkeit, Schlafstörungen und Antriebslosigkeit.

E

- Emotionale Erschöpfung: Ein Zustand, in dem Betroffene sich unfähig fühlen, auf emotionale Anforderungen zu reagieren. Häufig ein Symptom von Depressionen oder Burnout.
- Empathie: Die Fähigkeit, die Gefühle und Perspektiven anderer nachzuvollziehen. Kann in Beziehungen zu Menschen mit Depressionen eine wichtige Rolle spielen.

F

- Fatigue: Eine anhaltende Erschöpfung, die häufig bei Depressionen auftritt und die Bewältigung alltäglicher Aufgaben erschwert.
- Frühwarnzeichen: Erste Anzeichen einer Depression, wie Stimmungsschwankungen, Schlafprobleme oder sozialer Rückzug.

G

- Gedankenkarussell: Ein Begriff für das ständige Grübeln über negative Gedanken. Häufig bei Depressionen und Angststörungen.
- Genetische Prädisposition: Eine genetische Veranlagung, die das Risiko erhöht, an einer Depression zu erkranken.

H

- Hoffnungslosigkeit: Ein häufiges Gefühl bei Depressionen, bei dem Betroffene glauben, dass sich ihre Situation niemals verbessern wird.
- Hypomanie: Eine mildere Form der Manie, die bei der bipolaren Störung auftreten kann.

I

- Innere Leere: Ein Gefühl der Gefühllosigkeit oder Sinnlosigkeit, das häufig mit Depressionen assoziiert wird.
- Interpersonale Therapie (IPT): Eine Form der Therapie, die sich auf zwischenmenschliche Beziehungen konzentriert und darauf abzielt, Konflikte zu lösen, die Depressionen verstärken könnten.

J

- Journaling: Das Führen eines Tagebuchs, um Gedanken und Gefühle zu reflektieren. Eine hilfreiche Technik bei der Bewältigung von Depressionen.

K

- Katastrophendenken: Eine kognitive Verzerrung, bei der Betroffene ständig das Schlimmste erwarten. Häufig bei Depressionen und Angststörungen.
- Kognitive Verzerrungen: Denkmuster, die die Wahrnehmung der Realität verzerren, wie Schwarz-Weiß-Denken oder Überverallgemeinerung.

L

- Lichttherapie: Eine Behandlungsmethode, die vor allem bei saisonalen Depressionen (SAD) eingesetzt wird, bei der Betroffene regelmäßig einer künstlichen Lichtquelle ausgesetzt werden.
- Lethargie: Ein Zustand extremer Trägheit oder Energielosigkeit, der oft mit Depressionen einhergeht.

M

- Major Depression: Eine schwere Form der Depression, die das tägliche Leben erheblich beeinträchtigt.
- Meditation: Eine Praxis, die hilft, den Geist zu beruhigen und Achtsamkeit zu fördern. Wird oft in der Therapie gegen Depressionen eingesetzt.
- Mindfulness-Based Cognitive Therapy (MBCT): Eine Therapieform, die kognitive Verhaltenstherapie und Achtsamkeit kombiniert.

N

- Negative Denkmuster: Wiederkehrende Gedanken, die die eigene Wertlosigkeit, Hoffnungslosigkeit oder Schuldgefühle verstärken.
- Neurotransmitter: Chemikalien im Gehirn, wie Serotonin und Dopamin, die eine Schlüsselrolle bei der Regulierung von Stimmung und Emotionen spielen.

O

- Overthinking: Ein übermäßiges Nachdenken, das oft zu Grübeleien führt. Häufig bei Depressionen und Angstzuständen.

P

- Postnatale Depression: Auch bekannt als Wochenbettdepression. Eine Form der Depression, die nach der Geburt eines Kindes auftreten kann. Sie betrifft sowohl Mütter als auch Väter.
- Psychoedukation: Die Vermittlung von Wissen über psychische Erkrankungen, um Betroffenen und ihren Angehörigen zu helfen, die Symptome und Behandlungsmöglichkeiten besser zu verstehen.

R

- Resilienz: Die Fähigkeit, sich von Rückschlägen zu erholen. Resilienz kann durch gezielte Übungen und Strategien gestärkt werden.

- Rückfall: Das Wiederauftreten von depressiven Symptomen nach einer Phase der Verbesserung.

S

- Saisonale Depression (SAD): Eine Form der Depression, die in den Wintermonaten aufgrund von Lichtmangel auftritt.
- Schlafstörungen: Probleme beim Ein- oder Durchschlafen, die häufig bei Depressionen auftreten.
- Selbstfürsorge: Aktivitäten, die darauf abzielen, das eigene Wohlbefinden zu fördern, wie Bewegung, gesunde Ernährung oder Entspannung.

T

- Therapieformen: Verschiedene Ansätze zur Behandlung von Depressionen, darunter kognitive Verhaltenstherapie (CBT), interpersonale Therapie (IPT) und Achtsamkeitsbasierte Therapie (MBCT).
- Trigger: Auslöser, die depressive Episoden oder negative Gedankenmuster verstärken können.

V

- Verlust des Interesses: Ein Kernsymptom der Depression, bei dem Betroffene das Interesse an Aktivitäten verlieren, die ihnen früher Freude bereitet haben.

W

- Wochenbettdepression: Eine spezielle Form der Depression, die nach der Geburt eines Kindes auftritt. Symptome können Erschöpfung, Schuldgefühle und Schwierigkeiten beim Aufbau einer Bindung zum Kind sein.

Z
- Zukunftsangst: Ein Gefühl der Unsicherheit und Angst vor dem, was kommen könnte. Häufig bei Menschen mit Depressionen oder Angststörungen.

Erweiterung: Wichtige Kontakte und Ressourcen
- Anlaufstellen für Wochenbettdepressionen:
  - Deutscher Hebammenverband (www.hebammenverband.de)
  - Schatten & Licht e.V. – Hilfe bei postpartalen Depressionen (www.schatten-und-licht.de)